中国财富管理发展指数

2022

主编　谭松涛

Wealth Management Development Index of China

中国人民大学出版社
·北京·

前　言

　　自 1978 年中国开始改革开放以来，中国经济快速增长。随着经济发展和财富积累，人们对财富管理有着巨大的需求，中国财富管理市场正在迅速扩张。本报告旨在编制出一套能够综合反映世界各地区以及我国财富管理发展状况的指数体系，以跟踪财富管理发展动态，进一步为财富管理实践提供指导和参考。

　　本报告是我国首次从指数的角度对中国财富管理发展进行全面系统的分析。本报告编制的中国财富管理发展指数以科学性、前瞻性和国际性为原则，力求客观、量化地反映近年来中国财富管理行业的整体发展水平和动态变化特点。

　　本报告主要包括五个部分，即第二章到第六章。第二章既是对本报告研究方法的阐述，也是对指数设计合理性的说明。指数编制方法的核心在于数据的无量纲化和指标权重确定两个方面。其中数据的无量纲化，是通过数学变换来消除原始变量（指标）的量纲影响。在本报告中，我们针对数量指标，提出了正、逆指标无量纲化计算公式；针对域型指标提出了中间型、区间型指标无量纲化；针对定性指标规定了不同类别的取值，并依据偏大型柯西分布和对数函数对取值进行了标准化。给定指标数值的计算结果之后，指数的构建需要在上述结果的基础上对不同指标赋予合理的权重。权重值的确定可能会引起被评估对象优劣顺序的改变，进而直接影响综合评估的结果，因此，这一环节在指标评估中至关重要。我们在报告中介绍了专家打分法、层次分析法、主成分分析法、VAR 脉冲响应法以及动态模型选择的时变向量自回归模型法在确定权重时的具体步骤，并对各方法的科学性进行了说明。

第三章至第六章从四个维度构建了相应的指数，即全球财富管理发展宏观指数、中国财富管理行业发展指数、区域财富管理指数以及财富管理前瞻指数。第三章介绍全球财富管理发展宏观指数，以全球性、开放性的视野，借鉴海外较为成熟的财富管理市场的发展规律，提升了指数参考价值和编制效果。具体来说，第三章对全球财富管理行业的总体现状、地区特征、产品特征等进行了清晰的分析与归纳。

第四章介绍中国财富管理行业发展指数，主要从规模、产品、机构发展、机构声誉和人才队伍五个方面度量了中国财富管理行业发展状况，动态刻画了近年来我国财富管理行业的整体变化情况。为了保证该指数的科学性、系统性与完整性，本报告充分考虑了当前中国财富管理的行业发展特征，选取了银行业、证券业、保险业、信托业和基金业等五个行业的财富管理规模、财富管理产品发行情况和机构集中度作为一级指标，并在一级指标的基础上依具体业务的不同细分为若干二级指标，以此为基础构建中国财富管理行业规模、产品和机构指数。

第五章介绍区域财富管理指数，以全面反映地区财富管理的发展环境、地区金融业发展、地区财富管理需求状况和地区财富管理行业规模为出发点，设置了地区经济市场化程度、地区金融发展政策支持程度、地区金融规划重视程度、地区财富管理需求、地区财富管理规模和地区理财师数量 6 个方面指数，以及 23 个一级分项指标和 18 个二级分项指标，以尽可能全面地反映地区金融业尤其是财富管理行业的发展状况。区别于一般商业机构的行业发展分析，本报告更加侧重于从宏观角度了解和跟踪行业发展状况，所以相应指标以省市级层面为主。同时为保证横向的可比性，同一指标的各地区数据均采用相同的时间基期。本报告依据不同数据适用的处理方法，对指标数据进行了标准化、加权处理与回归分析等，最终得出具有可比性的区域财富管理指数。

第六章介绍财富管理前瞻指数，旨在从需求和供给两个角度对整个国家财富管理行业发展前景进行预测，对行业内不同类型机构、不同产品的发展趋势进行预测，从区域角度对不同区域财富管理行业发展潜力进行预测。

本报告基于可靠的数据来源、科学的指标体系，对中国财富管理发展进行了翔实而富有深度的刻画，对财富管理行业的研究具有一定的帮助。在报告编制的过程中，我们得到了中国人民大学财政金融学院、青岛市金融工作办公室和青岛金家岭金融聚集区管理委员会的支持，特此致谢。

目　录

第一章

导　论

2014年初，青岛市财富管理金融综合改革试验区正式得到国家批复，成为我国财富管理行业发展中的标志性事件，也意味着财富管理真正成为国家金融改革发展的前沿重点。十年来，无论是在中国还是全球范围内，财富管理行业的发展都出现了一些新的特征。从全球范围来看，不同国家财富管理行业的发展出现了一定的分化。西方发达国家逐渐走出了次贷危机的阴影，虽然整体增速依旧弱于新兴市场，但是凭借着良好的金融市场环境和优质的管理服务团队，依然主导着全球财富管理行业发展的高端市场。以中国为代表的新兴市场国家近年来财富规模快速集聚，行业在短期内呈现出强劲的发展态势。从中国国内的情况来看，财富管理行业规模逐年扩张，发展环境日益改善，但是区域发展不平衡、产品创新步伐缓慢、专业技术人员匮乏等制约行业发展的因素依旧存在。中国财富管理行业还有较大的发展空间。

为更加深入地了解各地财富管理发展的现状、成果及前景，并且加以横向对比，总结经验，有必要编制一套能够综合反映世界各地区以及我国财富管理发展状况的指数体系，以跟踪财富管理发展动态，进一步为财富管理实践提供指导和参考。在此背景下，中国人民大学研究团队从2016年起，组织编写《中国财富管理发展指数》报告，并基于全球财富管理具体实践，逐年对报告进行更新。该报告旨在对财富管理行业的发展从不同角度进行指数化，进而分析行业发展近几年来的最新动向。

《中国财富管理发展指数（2022）》报告的主体部分包括七章。第一章为导论部分。第二章介绍了报告涉及的指数编制方法，主要包括数据的无量纲化和指标权重的确定。第三章至第六章从四个维度构建了相应的指数，即全球财富管理发展宏观指数、中国财富管理行业发展指数、区域财富管理指数以及财富管理前瞻指数。第七章为本书的主要结论。报告试图基于可靠的数据来源、科学的指标体系，对中国财富管理发展进行翔实而富有深度的刻画，对财富管理行业的研究提供一定的帮助。接下来，我们对本报告的主要内容和结论做一简单介绍。

第二章主要对指数编制方法进行了说明，核心在于数据的无量纲化和指标权重确定两个方面。其中，数据的无量纲化是通过数学变换来消除原始变量（指标）的量纲影响。在本报告中，我们针对数量指标提出了正、逆指标无量纲化计算公式；针对域型指标提出了中间型、区间型指标无量纲化；针对定性指标规定了不同类别的取值，并依据偏大型柯西分布和对数函数对取值进行了标准化。

给定指标数值的计算结果之后，指数的构建需要在上述结果的基础上对不同指标赋予合理的权重。权重值的确定可能引起被评估对象优劣顺序的改变，进而直接影响综合评估的结果，因此，这一环节在指标评估中至关重要。我们在报告中介绍了专家打分法、层次分析法、主成分分析法、VAR 脉冲响应法以及动态模型选择的时变向量自回归模型法在确定权重时的具体步骤，对各方法的科学性进行了说明。第二章的内容主要是对本报告研究方法的阐述，也是对指数设计合理性的说明。

第三章介绍了全球财富管理发展宏观指数。从背景上看，全球财富管理行业受疫情影响在近两年发展略显乏力，各大市场的高净值人群人数与财富规模增长放缓。美国在财富管理行业上表现强势，而亚太地区在中国等经济体的带动下未来有望呈现高速发展。

相比发达国家财富管理行业，发展中国家与新兴市场保持着较快增速，并推动了全球财富管理总规模稳步提升。

2020 年上半年，随着新冠疫情在全球蔓延，主要经济体的股票市场指数大幅下跌和急剧振荡，财富管理行业也受到显著冲击。但由于疫情期间全球采取卓有成效的政府救助措施，2021 年全球股市有所回升。但全球通胀以及俄乌冲突导致经济不确定性持续增加，财富管理行业的发展面临新的挑战。全球财富管理在规模增速、层次结构、行业环境方面都有值得关注的新发展态势。

基于此，我们编制了全球财富管理发展宏观指数，通过对全球财富管理行业建立指标体系并进行评分，评估各地财富管理行业发展状况。在财富管理发展宏观指数编制过程中，我们一方面保持全球性、开放性的视野，充分借鉴海外较为成熟的财富管理市场的发展规律，提升指数参考价值和编制效果；另一方面全面考察财富管理行业在不同国家和地区的具体发展状况，并在该行业的全球发展背景下，将中国市场的发展状况与其他国家和地区进行对比，提高总体结论的权威性和国际影响力。具体来说，该指数由三个一级指标构成，即规模指数、发展指数与环境指数，分别反映全球财富管理行业的体量，各地区财富管理行业的发展速度、需求的增长等情况，以及各地区财富管理行业的未来发展环境。

每个一级指标下面设置了若干二级指标。例如，规模指数从财富管理行业总规模以及高净值人群财富所占份额两个方面进行测度；发展指数包含了财富管理总规模和高净值人群财富两方面的增速；环境指数主要采用世界著名非政府组织"透明国际"建立的全球清廉指数加以反映。

根据财富管理行业发展水平与所在国地理位置，我们在财富管理发展宏观指数的设计过程中将全球划分为六大地区，即北美、西欧、拉美、东欧、中东与非洲以及亚太。这样的划分方法一方面有助于区分传统发达财富管理市场与新兴市场，另一方面也与波士顿咨询等机构发布报告的统计口径一致，便于数据收集和统计。参考国内外相关研究中关于指数编制的一些处理方法，全球财富管理发展宏观指数对所有指标值均通过计算 z 分数（z-score）进行了去量纲化，最终计算出各大地区的得分值。对各地区得分进行处理、加总后，即可得到财富管理发展宏观指数，综合反映各地区财富管理行业发展状况。

为保证数据口径的统一，指标的数据尽量从单独数据库获得。以 2021 年全球财富管理发展宏观指数总分排序来看，北美地区位列首位，西欧地区位居其次，东欧和亚太分别位列第三和第四，而得分最低的地区为拉美、中东与非洲两个地区。本报告对指数评分结果进行了若干归纳与分析。

最后，基于指数评分结果，结合其他文献资料，报告对全球财富管理行业的发展概况进行了阐述，对高净值人群财富概况、财富管理产品与机构发展情况进行了分析。

在概览部分，我们认为近期全球财富管理行业发展较为稳定，如果世界经济在未来一段时间没有剧烈冲击发生，可以期望财富管理行业也将继续维持相当的增速。从全球各地区财富管理行业总规模来看，北美地区的财富管理行业在总量上继续领跑，亚太地区的财富管理行业虽然受主要经济体影响增长略显乏力，但是发展中国家的财富管理行业市场份额也在稳步提升。除了地区的对比外，本报告还注意到国际金融中心排名的变化情况，发现大型国际金融中心地位稳固，而中国内地城市影响力上升。金融中心排名上升，能够综合反映我国财富管理行业在规模、增速和发展环境三个方面取得的进步，具有显著的积极意义。

在高净值人群财富管理部分，报告综合了各个数据来源与不同的划分方法，从财富分布、人数分布的角度对高净值人群财富管理状况进行分析。对高净值客户等级从高到低排列可以发现，世界范围内财富正在向"金字塔"顶端汇聚。

在财富管理产品与机构发展部分，报告通过对产品和机构进行分析，试图为把握各地财富管理行业的内在特征、分析其行业规模与发展状况提供依据与补充。具体而言，新兴市场集中于投资性资产，而发达国家和地区则相反，各地区在财富管理产品的重视程度和财富管理产品需求上存在差异。值得注意的是，财富管理开始走向个性化道路，财富管理机构因此面临着更加艰巨的挑战。

总体来说，第三章对全球财富管理行业的总体现状、地区特征、产品特征等都进行了清晰的分析与归纳。

第四章从规模、产品、机构发展、机构声誉和人才队伍五个方面度量了中国财富管理行业发展状况。中国财富管理行业规模指数旨在动态刻画近年来我国财富管理行业规模的整体变化情况。为了保证该指数的科学性、系统性与完整性，我们充分考虑当前中国财富管理的行业发展特征，选取了银行业、证券业、保险业、信托业和基金业等五个行业的财富管理规模作为一级指标，并在一级指标的基础上按具体业务不同细分为若干二级指标，以此构建2013—2022年中国财富管理行业规模指数。

在数据处理过程中，我们选择2013年为基期，并将基期指数定为100，对原始数据进行标准化无量纲处理，然后通过因子分析法计算得到每个指标所占的权重。测算的结果表明：2013—2022年，我国财富管理行业规模指数整体呈现两个发展阶段。第一阶段为2013—2016年的迅猛增长阶段，指数从2013年第一季度基期的100增长到2016年的342.37，三年间增长了242.37%；第二阶段为2017—2022年的稳定发展阶段，2018年指数首次出现回落，降至337.81，2020年指数开始回升，并进入新一轮上升通道，2022年上半年指数维持上升通道运行，增速企稳。据测算，截至2022年上半年，指数为419.87，同比增长1.91%。从一级指标来看，基金业、银行业和保险业财富管理规模指数整体呈不断增长趋势，其中，基金业指数始终遥遥领先，信托业和证券业指数呈先增后减趋势。

中国财富管理产品指数旨在动态测度我国财富管理机构不同类别理财产品的发行数量。与规模指数一样，我们选取了银行业、证券业、保险业、信托业和基金业等五个行业的财富管理产品发行数量作为一级指标，并将各行业的产品细分为12个二级指标，以此来构建 2013—2021 年我国财富管理产品指数。结果表明：2013—2021 年我国财富管理产品指数整体呈波动上升趋势。2013—2017 年，指数从 2013 年基期的 100 增长到 2017 年的 242.47，四年间增长了 1.4 倍；2018 年指数首次出现回落，并大幅下降至 191.18，同比下降 21%；从 2020 年起，指数开始回升，截至 2022 年上半年，指数为 128.19。从一级指标来看，各行业产品指数发展趋势分化较为明显，大致可分为三类：证券业和基金业产品指数呈大幅波动趋势，保险业和信托业产品指数呈波动上升趋势，银行业产品指数呈波动下降趋势。

中国财富管理机构发展指数旨在通过我国财富管理机构的集中度评估，动态刻画机构的整体发展情况。我们同样选择银行业、证券业、保险业、信托业和基金业等五个行业作为一级指标，考察了 2013—2021 年我国财富管理机构的集中度变化情况。结果表明：我国财富管理机构发展指数呈现阶梯式下降趋势。2013—2015 年处于第一阶梯，指数围绕 100 小幅波动；2016—2021 年指数下跌至第二阶梯，自此指数在 90 水平附近小幅波动。截至 2022 年上半年，指数大幅攀升至 104.26，同比增长 15.38%。分一级指标来看，各行业指数的走势分化较为显著，银行业、基金业和保险业指数整体呈下降趋势，证券业和信托业指数整体呈波动上升趋势。

中国财富管理机构声誉指数反映了我国财富管理公司的客户满意度以及它们在社会上的声誉状况。声誉是衡量公司服务质量进而公司品牌价值外延度的重要指标，也是从质的角度衡量整个行业内机构的发展状况，是行业发展水平的具体体现。我们利用两种方法对财富管理机构的声誉进行了指数测算。一方面，我们借助问卷调查的方式，对国内 19 个大型城市的个体居民进行随机调查，从而直接获取不同地区个体居民对境内各类财富管理机构的了解和认知情况。另一方面，我们借助近年来在资产定价领域常用的文本分析方法，从主流财经媒体的报道内容中提取不同机构被报道的文章，并用这些文章反映出来的正负面情绪状况作为媒体对该机构的评价指标。基于问卷调查数据，我们计算出基于被调查者第一选择比例和加权选择比例的机构声誉指数，在所有类别的财富管理机构中，工商银行的社会声誉是最好的，包括银行、保险、信托、基金、证券在内的多家机构进入前十的行列，而第三方财富管理公司和私募基金的排名则相对低一些。基于媒体报道数据，我们对每一年内16家主流财经媒体对67家主要财富管理机构的情绪值进行简单线性加权，得到2012—2022年间媒体对财富管理机构的情绪指数，指数得分表明，媒体对财富管理机构的看法整体上偏正面，且正面情绪有所升高，从媒体角度看，财富管理机构的声誉状况在持续改善。

中国财富管理人才队伍指数旨在对中国财富管理行业人才队伍的发展状况进行测度，希望能够根据行业专业人才队伍的发展情况对行业整体发展水平做出评判。对于财富管理机构而言，人才队伍的水平决定了机构的整体水平，而全行业专业人才队伍的质量则决定了中国财富管理行业发展的水平。在这一方面，我们统计了2012—2022年间我国CFP系列持证人总数量以及不同省/市的CFP系列持证人数量数据，对相关数值进行指数化处理，得到了2012—2022年间CFP系列持证人总数量的指数化结果。指数评分从一定程度上反映出，虽然近年来中国财富管理行业的从业人员数量和素质都有了持续的提高，但是行业内高端人才的发展依然比较缓慢，高端人才匮乏的局面并没有得到根本性改变。

第五章介绍区域财富管理指数。该指数的构建基于三点考虑：第一，改革开放以来我国经济建设取得了举世瞩目的成就，但是，这并不意味着我们的建设路途一路通畅，经济的快速增长带来的是经济环境快速变化，这对于市场化目标还未完全实现的我们来说是成绩，更是挑战。如何能把握住经济发展方向，跟上社会升级步伐便成为制定决策前需要首先思考的问题。第二，金融业随社会分工的深入及社会财富的积累而发展、成熟，并且对社会经济的高效运行起到促进作用。我国经济总量发展迅速，但金融业仍然相对落后，最终会对整个经济体的健康运行造成限制。具体到财富管理上，我国财富管理行业的发展仍处于初级阶段，未来发展空间巨大。所以如何能够理解好、使用好、发展好金融业并且运作好财富管理工具，有着现实的急迫需求。第三，中国人民大学研究团队从2016年起开始编制中国财富管理发展指数，于2017年第一次发布《中国财富管理发展指数》报告，从学术角度分析了财富管理行业的现状、热点和前景，至今已历时六年。经过六年发展，我们希望更加清楚深入地了解各地财富管理发展的现状、成果及前景，并且加以横向对比，总结经验，所以有必要编制一套能够综合反映我国各地区财富管理发展状况的指标体系，以跟踪行业发展动态，进一步为财富管理实践提供指导和参考。

综合以上分析，编制区域财富管理指数的主要出发点有四个，即：

（1）反映地区财富管理的发展环境，即当地社会经济环境总体状况，更具体而言就是经济体系的市场化程度；

（2）反映地区金融业发展尤其是财富管理行业政策支持状况及环境；

（3）反映地区财富管理需求状况；

（4）反映地区财富管理行业规模。

我们在指数编制中，尽可能全面地反映地区金融业尤其是财富管理行业的发展状况。区别于一般商业机构的行业发展分析，我们更加侧重于从宏观角度了解和跟踪行业发展状况，所以相应指标以省市级层面为主。同时为保证横向的可比性，同一指标各地区数据均采用相同的时间基期。具体而言，本报告中区域财富管理指数由六个方面指数构成，即：

（1）地区经济市场化程度；

（2）地区金融发展政策支持程度；

（3）地区金融规划重视程度；

（4）地区财富管理需求；

（5）地区财富管理规模；

（6）地区理财师数量。

每个方面指数反映地区经济金融发展的一个方面。在每一个方面指数下，包含多个分项指标，从不同角度对方面指数加以补充和完善。

我们依据不同数据适用的处理方法，对指标数据进行了标准化、加权处理与回归分析等，最终得出具有可比性的区域财富管理指数。评分结果显示，从区域财富管理总指数看，前五名城市依次为北京、上海、深圳、广州和宁波。其中，北京、上海、深圳、广州的总体得分均在9分以上，远高于其他城市，表明我国一线城市财富管理行业发展优势明显，这可能受益于当地较为完备的金融市场环境。青岛市以8.29分位列第六，虽然略低于前五名城市，但相较其他城市有明显优势，作为二线城市，其对财富管理行业发展的重视度更高，随着地区金融环境的成熟，预计未来仍有较大发展空间。长三角经济圈城市得分均在8分以上，东北城市平均得分较低，大多在6～7分之间，可能受到当地经济转型发展的影响。西南重地重庆综合得分为8.01，在西部城市中表现突出。从方面指数得分看，在地区经济市场化程度方面，得分排前五名的城市依次为杭州、宁波、广州、深圳、南京；青岛市位列第八名，经济市场化程度处于中上游水平，财富管理行业发展环境较好。在地区金融发展政策支持程度方面，得分排前五名的城市依次为青岛、广州、厦门、重庆、天津，沿海城市普遍得分较高，北京得分优势并不明显；青岛市因其对财富管理行业的重视，以10分的综合得分位列第一，地区金融发展政策支持的优势十分突出。在地区金融规划重视程度方面，得分排前五名的城市依次为广州、深圳、青岛、北京和重庆，其中青岛市得分为8.20分；青岛市在其金融"十四五"规划中多次提及财富管理战略，相应地，该指标得分超过部分一线城市，反映当地政府充分发挥了促进财富管理未来发展的职能；西部城市得分多在8分以下，东北城市得分多在7分以下，且城市间差距较小。在地区财富管理需求状况方面，得分排前五名的城市依次为上海、深圳、广州、北京、济南，青岛在该项上排名较为靠后，在财富管理市场需求分项上排名为第十一位，仍有很大的提升空间。在地区财富管理规模方面，得分排前五名的城市依次为北京、上海、深圳、天津和重庆，青岛市以6.26分位列第十五名；除北京、上海和深圳得分在 8 分以上，其余城市得分整体偏低，均在6～7 分之间，前三名城市在财富管理规模上有绝对优势。在地区理财师数量方面，得分排前五名的城市依次为北京、深圳、上海、广州和成都，青岛以 6.27 分位列第十四，北京以绝对优势占据第一，其余城市得分差距不大，目前我国金融理财专业服务人员仍主要集中在一线城市。

在财富管理总指数排名靠前的城市中，杭州、宁波经济市场化程度高，深圳、青岛在金融发展"十四五"规划中"财富管理"词频指标和地区金融发展政策支持程度指标上表现最为突出，率先抓住了中国财富管理崛起的机遇。而广州、深圳等在地区金融规划重视程度指标上领先，广州在金融发展"十四五"规划中"金融机构"和"金融人才"词频指标上遥遥领先。作为地方性金融中心，这几个城市将有望通过政府的扶持进一步完善金融中心建设规划。另外，虽然北京、上海、广州、深圳目前仍然牢牢占据着全国金融机构和政策中心、全国金融市场中心和全国资本市场中心的位置，但是，其他的地方性金融中心的建设对我国金融业的整体繁荣仍然具有极高的战略意义。以青岛、重庆等为代表的地方政府在建设当地金融市场上的决心和举动将在很大程度上影响它们未来在国内的金融地位。

第六章介绍财富管理前瞻指数。前瞻指数的设计有三个目的：一是从需求和供给两个角度对整个国家财富管理行业发展前景进行预测；二是对行业内不同类型机构、不同产品的发展趋势进行预测；三是从区域角度对不同区域财富管理行业发展潜力进行预测。因此，财富管理前瞻指数可分为三大类：一是财富管理规模动态演进指数，该指数以全国为测算范围，计算财富管理规模的动态变化规律；二是财富管理行业发展前瞻指数，对财富管理主要行业的发展状况进行测算；三是财富管理区域发展前瞻指数，对目标区域财富管理的动态发展规律进行测算。

编制前瞻指数的目的主要是希望从指数中直观体现行业未来发展潜力，因此在该指数计算中，除利用已有指标数值外，还需要计算每一个一级或二级指标的同比发展速度，并通过因子分析法计算得到每个指标所占的权重，计算出最终指数值。从上述目的出发，前瞻指数构成指标可包括反映当前发展现状的同期指标与反映未来发展潜力的领先指标。从数据可获性、与其他指数指标构成的一致性角度出发，本研究大部分指标与指数的第一部分（财富管理行业规模指数）相一致，并包括 GDP 这一反映未来财富管理潜力的指标。具体而言，前瞻指数包括规模发展动态演进指数、行业发展前瞻指数以及区域发展前瞻指数。其中，规模发展动态演进指数一级指标包括全行业发展潜力，以及银行、证券、保险、信托、基金五大行业的资管规模或资金运用余额，行业发展前瞻指数与此类似，而区域发展前瞻指数取人才基础、行业发展基础、民众需求基础以及政策基础作为一级指标。

各行业规模指标的得分结果显示，五大行业规模发展速度有所不同。全国范围内银行理财规模在 2016 年发展迅速，2017 年、2018 年增长幅度有所下降，2019 年、2020 年、2021 年连续三年保持增长。证券业在 2016 年有一波爆发，当年较上一年增长了 48%，但从 2017 年起开始下降，直至 2021 年也未能恢复增长态势。保险业则连续六年保持平稳增长，2016—2020 年增幅均在 10% 以上，2021 年增速下降，较 2020 年增长 7%。信托业 2016 年、2017 年增速较高，分别达 24%、30%，但 2018 年下跌 14%，此后 2019 年、2020 年均下跌 5%，直至 2021 年下跌趋势才终止。而基金业财富管理规模 2016 年增长 38%，与前些年年均翻一倍相比增长幅度大幅下降，但总体水平相当高，2017—2019 年每年年均增长 1%，2020 年和 2021 年年均增长 20% 左右，与其他行业相比相当亮眼。通过因子分析法获得指标权重后，计算得到我国财富管理规模发展动态演进指数，结果表明，最近几年该指数值呈现下降的趋势，我国财富管理规模趋于稳定，存在回弹的可能性。

在行业发展前瞻指数方面，银行业发展前瞻指数在保持了连续四年的平稳增长后，在 2018 年开始出现较大的负增长，直至 2021年也未能恢复。而信托业发展前瞻指数在连续两年低于 100 的较低水平发展后，于 2017 年反弹，指数值达到 131，随后又陷入低迷，2019 年反弹，2020 年下降，但于 2021 年反转，增幅约为上年度的 3 倍。这说明在新形势下，尽管监管环境趋严，但信托业财富管理的未来仍然可期。证券业发展前瞻指数在 2018 年开始大幅下降，2020 年、2021 年有所回升。而基金业发展前瞻指数低迷，直到 2019 年开始恢复增长。保险业发展前瞻指数 2018 年略有波动，但总体行业前景可期。总体上而言，财富管理行业发展总前瞻指数除 2018 年、2019 年两年回落外，其他各年增幅均较可观。这表明我国财富管理行业的未来值得期待，财富管理行业逐渐走向行业的成熟期。

在区域发展前瞻指数方面，我们参考区域财富管理指数的结果，以因子分析法计得各指标及次级指数的权重，发现影响区域财富管理前瞻指数的因素，与当地民众对财富管理的认识关系比较密切，与当地金融规划及产品的市场发育程度也高度相关，而且与当地理财规划师的发展也有较高的相关性。因此可见，区域财富管理发展水平既与政府支持程度紧密相关，又与理财领域的人才发展及当地的财富管理文化相关。评分结果显示，各区域财富管理前瞻指数值排名前六位的分别是北京、上海、深圳、广州、济南、重庆。

第二章

编制方法

财富管理发展指数的编制过程包括指标体系的确定、数据收集处理、权重的确定、指数计算四个过程。各指数有关指标体系的确定将在第三章至第六章进行介绍，这里主要介绍数据处理和权重确定方法。

图2-1为财富管理发展指数构建过程的流程图，在收集数据后，需要进行标准化、同趋化、确定权重等处理。

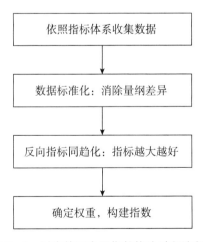

依照指标体系收集数据

↓

数据标准化：消除量纲差异

↓

反向指标同趋化：指标越大越好

↓

确定权重，构建指数

图2-1　财富管理发展指数构建过程流程图

财富管理发展指数是从多角度、多层次对财富管理发展进行多维度测评的综合性指数,每一维度都是构成特定方面的分指数,每个分指数又由若干指标合成。这些指标既有定性指标(比如当地政府对财富管理的重视程度等),也有定量指标。定量指标中既有正向指标(数值越大,财富管理发展水平越高),也有负向指标(数值越小,财富管理发展水平越高),还有区域值域性指标(在值域内发展水平相对较高,在值域外发展水平较低)。因此需要在计算各分指数之前,统一规范这些指标的处理方法,以使整体测算的指数不仅横向可比,而且纵向可比;不仅可以比较不同地区综合发展的相对水平,而且也可以考察各地区综合发展的历史进程。

一、数据的无量纲化

(一) 数量指标无量纲化

无量纲化,也叫数据的标准化,是通过数学变换来消除原始变量(指标)量纲影响的方法。在计算单个指数时,首先必须对构成指数的每个指标进行无量纲化处理,而进行无量纲化处理的关键是确定各指标的上、下限阈值。本研究中,以 2013 年作为"财富管理元年",以 2013 年样本城市的最大值为上限 X_{max}^i,当年年底样本城市的最小值为下限 X_{min}^i。2013 年及此前后各年指标值的无量纲化处理按下述公式进行。

1. 正指标无量纲化计算公式

$$Z_i = \frac{X_i - X_{min}^i}{X_{max}^i - X_{min}^i} \text{ 或 } Z_i = \frac{\ln(X_i) - \ln(X_{min}^i)}{\ln(X_{max}^i) - \ln(X_{min}^i)} \qquad (2-1)$$

2. 逆指标无量纲化计算公式

$$Z_i = \frac{X_{max}^i - X_i}{X_{max}^i - X_{min}^i} \text{ 或 } Z_i = \frac{\ln(X_{max}^i) - \ln(X_i)}{\ln(X_{max}^i) - \ln(X_{min}^i)} \qquad (2-2)$$

由公式(2-1)和(2-2)可见,2013 年的取值一定在 0~1 之间,而此前后不同年份的值既可能大于 1,也可能小于 0。

（二）域型指标的无量纲化

1. 中间型指标的无量纲化

$$Z_i = \begin{cases} \dfrac{2(x_i-m)}{M-m}, & m \leqslant x_i \leqslant \dfrac{1}{2}(M+m) \\ \dfrac{2(M-x_i)}{M-m}, & \dfrac{1}{2}(M+m) \leqslant x_i \leqslant M \end{cases} \qquad (2-3)$$

2. 区间型指标的无量纲化

$$x' = \begin{cases} 1-\dfrac{a-x}{c}, & x < a \\ 1, & a \leqslant x \leqslant b \\ 1-\dfrac{x-b}{c}, & x > b \end{cases} \qquad (2-4)$$

其中，$[a，b]$ 为 x 的最佳稳定区间，$c=\max\{a-m，M-b\}$，M 和 m 分别为 x 可能取值的最大值和最小值。

（三）定性指标的无量纲化

有些指标直接就是定性指标，比如群众满意度，1～5 分的评分，虽然表现为数值，但实际上是定性的；另有一些指标本身可能是非定性的，但其数值不能直接加入指标体系中进行计算，需要对其进行处理。比如某市政策性文件中对"财富管理"提及的次数反映了对该产业的重视程度，但是其重视程度与提及次数并非线性对应关系，需要进行处理。这里的处理办法统一如下设置：

第一步，规定不同数值区域的得分，分别定为 1～5 分。比如文件中从未提及"财富管理"，取值为 1；提及该词 1～3 次，取值为 2；提及 3～5 次，取值为 3；提及 5～10 次，取值为 4；提及 10 次以上，取值为 5。

第二步，按下述方法对取值标准化：

取偏大型柯西分布和对数函数作为隶属函数：

$$f(x) = \begin{cases} [1+\alpha(x-\beta)^{-2}]^{-1}, & 1 \leqslant x \leqslant 3 \\ a\ln x+b, & 3 < x \leqslant 5 \end{cases}$$

其中，α、β、a、b为待定常数。

将"政府很重视"的隶属度定义为 1，即 $f(5)=1$；

将"政府较重视"的隶属度定义为 0.8，即 $f(3)=0.8$；

将"政府不重视"的隶属度定义为 0.01，即 $f(1)=0.01$。

计算得 $\alpha=1.108\ 6$，$\beta=0.894\ 2$，$a=0.391\ 5$，$b=0.369\ 9$。则

$$f(x)=\begin{cases}[1+1.108\ 6(x-0.894\ 2)^{-2}]^{-1}, & 1\leqslant x\leqslant 3 \\ 0.391\ 5\ln x+0.369\ 9, & 3<x\leqslant 5\end{cases}$$

根据这个规律，对于任何一个评价值，都可给出一个合适的量化值（见图 2-2）。

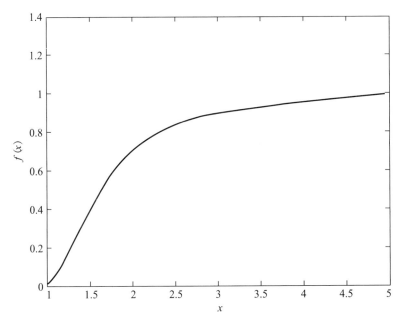

图 2-2　定性指标的无量纲化

二、指标权重的确定

权重值的确定直接影响综合评估的结果，权重值的变动可能引起被评估对象优劣顺序的改变。所以，合理地确定综合评估发展各主要因素指标的权重，是进行综合评估能否成功的关键。

权重的确定方法有很多种。从原理上看，我们可以基于理论研

究确定权重，也可以以主观定性法与客观定量法相结合的方式来确定不同指标的权重。具体来说，这些方法包括专家打分法、层次分析法、主成分分析法、VAR 脉冲响应法和动态模型选择的时变向量自回归模型法等。专家打分法主要依赖于专家的理论分析，但缺乏数据的实证支持，说服力有时不够强；而层次分析法、主成分分析法主要依赖数据数值上的客观规律，以数值相关性、离散程度或空间结构来确定权重，其权重背后的经济学含义较弱，不利于公众的理解；VAR 系列方法以指标对追踪变量的波动的解释程度作为权重，使得权重具有直观明确的经济学含义，且用这种方法构建的指数一般具有更好的预测能力，但简单的 VAR 模型方法由于模型的假定及局限性，可能会遗漏部分指标变量的信息。

（一）专家打分法

专家打分法是指通过匿名方式征询有关专家的意见，对专家意见进行统计、处理、分析和归纳，客观地综合多数专家经验与主观判断，对大量难以采用技术方法进行定量分析的因素做出合理估算，经过多轮意见征询、反馈和调整后，根据各指标变量的重要性程度确定权重。

专家打分法能够根据经济学原理、地方实际财富管理行业的发展经验，按照影响财富管理发展水平指标的重要性进行打分，同时能够灵活调整，满足具体的要求。该方法的特点是简单、直观，能够充分反映影响关系以及满足灵活调整的需求。但缺点是权重的确定具有主观性，公允性不足。

（二）层次分析法

层次分析法主要分五步获得权重：

第一，对每一层次的各要素相对于上一层次的各要素进行两两比较判断，得出相对重要程度的比较权重；

第二，建立判断矩阵；

第三，计算最大特征根以及相对应的特征向量，进行层次单排序；

第四，得到各层次要素相对于上一层次某要素的重要性排序；

第五，自上而下以上一层次各要素的组合权重为权数，对本层次各要素的相对权重向量进行加权求和，进行层次总排序，得出各层次要素相对于系统总体目标的组合权重。

该方法的优点是以数据为基础分析获得，科学性较强；缺点是经济意义不明显，理解与接受性稍差。

（三）主成分分析法

主成分分析也被称作主分量分析，主要思想是通过降维，将反映个体特征的多个指标转化为一个或少数几个综合性指标，从而使该指标兼具科学性、全面性和有效性等特点。基于主成分分析还可以进一步做因子分析，以使各变量对研究目标的影响力更为显著。从数学运算上看，主成分分析与因子分析的本质是一致的，都是一种数据集简化技术，通过线性变换将原始数据投影到新的坐标系中，并且依照数据投影方差的大小对投影坐标依次排序（第一主成分、第二主成分……）。每个主成分包含原有指标或变量的主要信息，而且不同主成分所含信息不存在重叠，所以能够在兼顾多变量信息的同时将相对复杂的因素降维简化，得到更为科学、有效的信息集合。

从实际运用上看，主成分分析法主要是为了解决指标（变量）信息量和分析效率之间的矛盾。为了尽可能全面、系统地分析问题或反映情况，在构建指数时，我们理论上应该将所有影响因素纳入考虑。但问题是这些未经处理的指标或变量所包含的信息一般都有重叠，而且变量越多，信息重叠的情况就越严重，进行定量分析时计算就愈加复杂。

主成分分析法正是解决此类问题的理想方法。该方法将原有具有一定相关性（信息重叠）的指标（如 p 个变量）组合成一组新的但相互不相关的综合指标。组合方法通常为线性组合。随后依据综合指标方差的大小来确定最终选择综合指标的个数。如第一个综合指标（$F1$）的方差最大，即 $\mathrm{Var}(F1)$ 最大，那么这表明综合指标 $F1$ 包含信息较多，被称为第一主成分。如果第一主成分所包含的信息不能满足分析需要，即遗漏了原始 p 个变量较多的信息，那么可以考虑增加选取第二个综合指标 $F2$，而经过矩阵转化之后，$F1$ 所包含的信息不会再出现在 $F2$ 中，即 $\mathrm{Cov}(F1，F2)=0$。我们可构造出 p 个综合指标，顺序增加纳入分析的指标，直到其所包含的信息满足分析需要。

使用主成分分析的计算方法主要如下：

（1）对原始数据的标准化。

假设有 n 个样本，指标体系中的变量有 p 个，因此可以得到总体的样本矩阵。并选取反映其特性的 p 个变量，从而得到总体样本矩阵：$x_i=(x_{i1}，x_{i2}，\cdots，x_{ip})^{\mathrm{T}}$，$i=1，2，\cdots，n(n>p)$。对样本矩阵元进行标准化：

$$Z_{ij}=\frac{x_{ij}-\overline{x}_j}{s_j}，i=1,2,\cdots,n;j=1,2,\cdots,p$$

其中，$\overline{x}_j=\dfrac{\displaystyle\sum_{i=1}^{n}x_{ij}}{n}$，$s_j^2=\dfrac{\displaystyle\sum_{i=1}^{n}(x_{ij}-\overline{x}_j)^2}{n-1}$，由此得到标准化的矩阵 Z。

（2）求解相关系数矩阵。

利用标准化矩阵 Z 求解相关系数矩阵，计算方法如下：

$$R=[r_{ij}]_p x_p=\frac{Z^{\mathrm{T}}Z}{n-1}$$

（3）求解特征根。

通过 $|R-\lambda I_p|=0$ 求解样本相关矩阵 R 的特征方程并得到相应的特征根，依据信息利用率的大小确定主成分个数 m。一般在进行指数构建时设定信息利用率达到 85％以上，由此得到 m 的值。对于每个特征根 λ_j，求解特征向量。

（4）将指标变量转化为主成分。

计算公式为：

$$U_{ij} = z_i^T b_j^o, \quad j = 1, 2, \cdots, m$$

其中，U_j 为第 j 个主成分，共得到 m 个主成分。

（5）对所选取的 m 个主成分进行综合评价。

以信息利用率为标准，我们选择主成分的前 m 个作为最终分析所用综合指数，以每个主成分的方差贡献率作为权数对 m 个主成分进行加权求和，即可得到每个指标的权重。权重计算过程为：以所取前 m 个主成分特征值乘以对应主成分得分系数的绝对值得到系数值，再以各系数值占系数值之和的比例作为权重。

主成分分析法或因子分析法的优点是能够将大量指标变量构成的指数体系综合成几个简单的变量，并且这些变量能够代表内部主要的推动信息。主成分分析法的应用从理论上使得指数的指标体系范围可以变成无穷大，能够将所有的相关变量纳入，通过主成分分析，去除变量间的代表性，归纳出主要信息。主成分（因子）分析法的缺点在于较为依赖指标变量的数值规律——相关性。而变量间的相关性并不完全等价于指标变量对财富管理发展水平的影响程度，因此主成分分析法背后的经济学理论的支持力度较弱。

(四) VAR 脉冲响应法[①]

VAR 脉冲响应法确定权重的原理是以各指标变量与目标变量进行 VAR 回归，根据不同指标变量对目标变量的冲击的占比确定权重。

使用 VAR 脉冲响应法确定指标的权重需要首先对各指标与目标变量构建 VAR 模型进行回归。p 阶的 VAR 模型可以写成如下形式：

$$y_t = a_0 + \sum_{j=1}^{p} A_j y_{t-j} + \varepsilon_t$$

---

① 由于该方法需要用时序数据进行估计，而目前财富管理发展指数只有五年以内的数据，且部分定性变量仅有不连续的两三个时点数据，无法进行时序模型的估计，因此关于 VAR 脉冲响应法和更为高级的 DMS-TVP-FAVAR 方法，需要在后续财富管理发展指数的时间跨度延长后再使用更为精确的方法进行估计。

其中，y_t 是 $N \times 1$ 维向量，由可观测到的指标变量构成。ε_t 是误差项，a_0 是截距项，A_j 是 $n \times p$ 的系数矩阵。在估计 VAR 模型时通常假设 ε_t 为独立同分布的随机误差向量，$\varepsilon_t \sim NIID(0, \Sigma)$。采用贝叶斯参数估计的方法估计上述模型。在 y_t 中，存在部分政策制定者、评估者关注的指标，如金融人才储备、财富管理产品创新等，我们称其为目标变量。因此，VAR 模型又可以改写成以下形式：

$$y_{it} = \lambda_{0i} + \gamma_i r_t + u_{it}$$
$$\begin{bmatrix} y_t \\ r_t \end{bmatrix} = \phi_1 \begin{bmatrix} y_{t-1} \\ r_{t-1} \end{bmatrix} + \cdots + \phi_p \begin{bmatrix} y_{t-p} \\ r_{t-p} \end{bmatrix} + \varepsilon_t$$

其次，计算各指标变量的脉冲响应值，以平均的脉冲响应占比来确定各指标变量的权重。具体公式如下：

$$w_i = \frac{|z_i|}{\sum_{i=1}^n z_i} \sum_{i=1}^n w_i = 1$$

其中，w_i 是各指标对应的权重，z_i 是指标变量的信息冲击在一定时期内对目标变量产生的平均脉冲响应值。简单说来，VAR 模型确定的权重是指标变量的冲击 y_t（即变动）在未来一定时期内占各指标变量对目标变量 r_t（即我们考察的指标——财富管理规模、财富管理创新力等）造成的冲击的比例。以各指标变量对目标变量的脉冲响应占比作为权重，能够赋予对目标变量影响力度大的指标更大的权重，保证了指数的有效性，也能够提高指数对目标变量的追踪情况。

VAR 脉冲响应法的优点是通过不同指标变量对目标变量的影响程度确定权重，权重背后的经济学意义比较明确。但这种方法的缺点在于，当指标变量很多而存在的样本数据较少时，进行 VAR 模型回归时可能会出现过度参数无法识别的问题。因此 VAR 脉冲响应法在对应庞大指标体系时适用性不佳。

（五）动态模型选择的时变向量自回归模型法[①]

我们创新性地将动态模型选择的动态系数因子增广向量自回归（TVP-FAVAR）模型引入以构建财富管理发展指数，相当于把主成分分析法和 VAR 脉冲响应法这两大常见的指数构建方法结合起来，并引入时间变动因素。这一模型既能解决主成分分析法确定权重时存在的只注重数值、经济含义不明的问题，又允许了大量综合指标变量的出现，还考虑了指数构成的时间变动。这种方法的指数构建过程更具科学性，对于目标变量的评价能力、预测能力更强。

1. FAVAR 模型构建指数

VAR 模型存在过度参数问题。若我们构建的指数体系有 n 个指标变量，VAR 模型选择滞后 p 阶，则有 $n \times p$ 个待估计参数。在实际应用中，由于数据取得的局限性，通常难以获得大量的数据进行估计。

由于财富管理发展水平受多方面因素不同程度的影响，因此，不可能用单一指标或几个指标来反映它。我们有必要建立一个综合性的指标体系，对其进行全面测度。当指标体系的变量数量较多时，由于数据的限制，普通的 VAR 模型会面临过度参数无法识别的问题。因此，引入 FAVAR，将主成分分析法与 VAR 模型相结合，尽可能地从大量的指标中抽取较少的因子，以保留原始变量所反映的绝大部分信息。FAVAR 模型的形式如下：

$$y_{it} = \lambda_{0i} + \lambda_i f_t + \gamma_i r_t + u_{it}$$

$$\begin{bmatrix} f_t \\ r_t \end{bmatrix} = \phi_1 \begin{bmatrix} f_{t-1} \\ r_{t-1} \end{bmatrix} + \cdots + \phi_p \begin{bmatrix} f_{t-p} \\ r_{t-p} \end{bmatrix} + \varepsilon_t$$

f_t 是从 n 个指标中提取出的一个 $q \times 1$ 阶向量，从大量的指标中抽取一个最大公因子，尽可能大地体现出原始指标的信息。r_t 是由 $s \times 1$ 个可观测到的目标追踪变量构成的。

[①] 由于该方法需要用时序数据进行估计，而目前财富管理发展指数只有五年以内的数据，且部分定性变量仅有不连续的两三个时点数据，无法进行时序模型的估计，因此需要在后续财富管理发展指数的时间跨度延长后再使用更为精确的方法进行估计。

FAVAR 的引入能够保证我们综合运用大量的指标变量得到有用信息，同时能够利用 VAR 模型进行估计，建立脉冲变动的权重，构建各级财富管理发展指数。

2. TVP-FAVAR 模型构建指数

FAVAR 模型解决了大量指标变量的问题，但该模型的假设是模型中的参数在不同的时间内是保持不变的，即不同时期，各指标在各级财富管理发展指数中的权重是不变的。而这种假设对分析金融、经济问题可能是不成立的，容易造成分析的误差。例如随着时代的演进，金融科技对财富管理区域与行业的影响可能会不断增大，如果在指数中对金融科技的指标赋予固定的权重，则可能导致对财富管理行业发展与区域发展判断的不确定性。TVP-FAVAR 模型就是考虑了估计参数存在时间变动。

$$y_{it} = \lambda_{0i} + \lambda_{it} f_t + \gamma_{it} r_t + u_{it}$$
$$\begin{bmatrix} f_t \\ r_t \end{bmatrix} = \phi_{1t} \begin{bmatrix} f_{t-1} \\ r_{t-1} \end{bmatrix} + \cdots + \phi_{pt} \begin{bmatrix} f_{t-p} \\ r_{t-p} \end{bmatrix} + \varepsilon_t$$

其中，y_t 是 $n \times 1$ 维向量，由用于构建财富管理发展指数的各项指标数据组成。r_t 是 $s \times 1$ 维向量，由模型追踪的金融变量构成。在指数构建中，r_t 可以选取为金融人才储备、金融市场发展水平等政策制定者关心的变量。γ_{it} 是回归系数，λ_{it} 是因子权重，f_t 是计算出的财富管理发展指数。u_t 和 ε_t 是零均值具有随时间变化方差的高斯分布的随机变量。

3. DMS-TVP-FAVAR 模型构建指数

在时间变动的特性中，参数的变动只是其中一种形式，更符合现实的应该是模型因素的动态变化。随着时间的变动，以往对目标变量没有影响或者影响很小的指标，可能会产生更大的影响，应该加入模型中；而过去对目标变量影响较大的变量可能会失去影响力从而应该从指标体系中剔除。如过去交通通信、资产规模对区域财富管理竞争力的影响可能很大，而随着互联网技术的发展，这些指标的影响力在不断降低，甚至可能退出指标评价体系，反而人力资本、金融科技创新等指标可能进入评价体系。为保持指数动态评价的有效性，采用的 TVP-FAVAR 模型改进如下：

$$y_{it}^{(j)} = \lambda_{0i} + \lambda_{it} f_t^{(j)} + \gamma_{it} r_t + u_{it}$$

$$\begin{bmatrix} f_t^{(j)} \\ r_t \end{bmatrix} = \phi_{1t} \begin{bmatrix} f_{t-1}^{(j)} \\ r_{t-1} \end{bmatrix} + \cdots + \phi_{pt} \begin{bmatrix} f_{t-p}^{(j)} \\ r_{t-p} \end{bmatrix} + \varepsilon_t$$

其中，$y_{it}^{(j)}$ 是指标变量 y_{it} 的一个子集，由此构成的子模型 M_j 计算出的指数为 $f_t^{(j)}$。对于有 n 个指标变量的模型，最多有 $2^n - 1$ 种模型选择，允许不同时期的评价指标的构成存在动态变化，同样地对目标变量进行追踪，得到总指数。

全球财富管理发展宏观指数

　　自 2020 年以来，随着新冠疫苗的广泛接种，疫情对经济的影响逐渐减弱，同时政府和中央银行采取一系列措施，低利率环境、流动性增加以及股市上涨推动了 2021 年全球经济的恢复和增长。此外，对于消费机会的限制促进了家庭储蓄，全世界家庭财富总额大幅上涨。根据瑞士信贷的最新测算：2021 年全球财富总额达到 463.6 万亿美元，相比 2020 年增长 9.8%；考虑通货膨胀会降低财富增长率，估计 2021 年实际财富增长率为 8.2%。2021 年年底，人均财富继续上升至 874 89 美元。但俄乌冲突以及大范围通货膨胀是影响全球经济的潜在不稳定因素，财富创造仍面临一系列持续的经济挑战，财富管理行业更需要不断发展完善战略以应对全球经济形势的快速变化。

　　在财富管理领域，包括波士顿咨询、瑞士信贷、凯捷等在内的研究机构定期发布财富报告与数据，来自国际货币基金组织、世界银行的资料也较为完善，为本报告构造全球财富管理发展宏观指数提供了坚实基础。在结合 2017—2020 年财富管理发展宏观指数编制经验的基础上，本报告继续保持全球视野，从地区、国家以及财富和人群分布等多角度全面考察全球财富管理行业的最新发展，并将中国的发展情况和其他国家与地区进行对比，提升指数的参考价值和权威性。

本部分财富管理发展宏观指数分为三个一级指标，即规模指数、发展指数与环境指数。一级指标内划分若干二级分项指标，总体上与上一年度保持一致，根据数据口径进行了相应调整。评价对象根据财富管理行业发达程度与地理位置被分为全球六大地区。对各地区得分进行处理、加总后，即可得到相应的财富管理发展宏观指数，综合反映该地区财富管理行业发展状况。

本章结构安排如下：第一节介绍财富管理发展宏观指数指标体系构建，阐述指标的选择、论证等；第二节介绍本部分的数据来源；第三节为指标得分结果展示和描述。

一、指标体系构建

（一）指标框架

我们将财富管理发展宏观指数分为三大一级指标，即规模指数、发展指数与环境指数，并从这三个方面建立指标框架。规模指数能够反映全球财富管理行业的体量指标，发展指数能够反映各地区财富管理行业的发展速度、需求的增长等情况，而环境指数能够从多个方面衡量各地区财富管理行业的未来发展环境。相关指标及其分项指标框架参照 2020 年度财富管理发展宏观指数，并进行了一些调整，如表 3-1 所示：

表 3-1　财富管理发展宏观指数指标框架

一级指标	二级分项指标
规模指数	财富管理行业总规模 高净值人群财富所占份额
发展指数	财富管理行业总规模增速 高净值人群财富增速
环境指数	全球清廉指数

其中，规模指数分为两个部分：财富管理行业总规模以及高净值人群财富所占份额。财富管理行业总规模即所有产品、业务类型

的总和，涵盖某地区的整个财富管理市场的存量，可以用万亿美元等数量单位进行衡量。高净值人群财富所占份额可以用高净值人群财富管理规模与总财富管理规模的比例衡量。由于财富管理行业的参与主体通常都是高净值客户，因此分析这类人群所拥有财富在总财富中的份额，也可以反映出财富管理行业的规模。以上两个指标从总量和具体人群的角度，揭示了财富管理行业的规模特征。

发展指数分为财富管理行业总规模增速以及高净值人群财富增速。财富管理行业总规模增速，即财富管理规模增量除以上一年度规模，反映了地区财富管理的总需求增长。我们将财富拥有量高于100万美元的人群定义为高净值人群。高净值人群财富增速反映了高净值人群的财富管理发展状况。这两类增速指标从总量与人群的角度反映了财富管理市场的发展能力。

在环境指数部分我们采用世界著名非政府组织"透明国际"建立的全球清廉指数（Corruption Perceptions Index，CPI），反映的是一个国家政府官员的廉洁程度和受贿状况。通常，得分高的国家往往拥有良好的市场环境和较高的行政效率，而低分国家则在财富管理市场环境方面存在或多或少的问题，例如社会动荡、政局不稳、腐败严重等。这个指数可以衡量地区财富管理行业的发展环境。

（二）指标选取依据

本章指标体系的构建主要依据波士顿咨询、瑞士信贷和凯捷三大机构2021年和2022年发布的全球财富管理报告及其数据，以及世界银行数据库、透明国际数据库。从三大机构每年发布的全球财富管理报告的内容看，虽然存在地区划分、统计口径等方面的差别，但是本报告使用的规模指标、发展指标始终是这些报告的固定栏目。具体而言，波士顿咨询公司发布报告中的数据更关注行业整体情况；其他两大机构所发布的数据更加注重家庭财富等方面，也是本报告计算地区得分时的重要参考。环境指标部分依托世界著名非政府组织"透明国际"建立的全球清廉指数，该指数现已涵盖全球大部分国家和地区，在发布的十余年里，越来越多地被各国研究人员或机构用于衡量一国或地区的市场环境，始终具有很强的影响力。可见，本报告选取的指标在评价全球财富管理状况方面具有权威性。

为保证口径统一，某个指标的数据尽量从单独数据库获得。规模指标选取了总量财富规模和高净值人群财富规模两个角度，发展指标选取了总量财富增长、高净值人群财富增长两个角度。通过规模指数，可以对全球范围内资产管理行业的相对规模、发达程度等进行估算和比较。从原理上看，财富管理行业的规模应伴随着世界各国国民财富的增长和财富管理需求的增加而增长，而本报告的规模指数能够反映财富管理行业的体量特征，并折射出财富管理市场在不同层面上的发达程度。在发展指数方面，由于原理上只有高净值人群的财富管理实现增长，财富管理市场才有不断发展的空间，且各大机构发布的财富管理报告所关注的"高净值客户/人群"也基本上需要满足以上的财富规模条件，因此，从总量财富增长和高净值人群财富增长两个角度建立发展指标是合理的。最后，发展环境在许多评价指标模型中也是十分重要的因素，而全球清廉指数从创立至今，国家层面上的数据完整，具有时间跨度且衡量方法日益成熟。可见，本报告的指标选取具有合理性和科学性。

此外，由于财富管理产品数量统计存在许多争议，且数量多寡并不能绝对衡量财富管理市场的发展健全程度；而财富管理机构有许多跨国业务，机构收益等情况也难以准确反映某一特定地区的财富管理发展形势，不能满足"宏观指数"的要求，因此综合以上原因，本报告确定了如上所述的指标体系。

（三）数据处理与权重确定

本章对数据的地区划分和数据后续处理基本参照2020年度全球财富管理发展宏观指数。考虑到财富管理机构业务的国际性、离岸性特征，许多数据在具体国家的层面上无法获得（事实上就本报告的范围而言，仅有环境指数对于各国都能给出准确得分），我们按照波士顿咨询公司的地区划分方法，将全球分为六大地区：北美①、

---

① 含加拿大、美国。

西欧[1]、拉美[2]、东欧[3]、中东与非洲[4]以及亚太[5]。其中，北美和西欧分布着主要的发达国家，拉美、中东与非洲则主要为新兴市场国家，东欧主要为发展中国家，而亚太地区则兼有新兴市场国家和地区与发达国家和地区。这样的划分方法一方面有助于区分传统发达财富管理市场与新兴市场，另一方面也与波士顿咨询公司等机构发布报告的统计口径一致，便于数据收集和统计。

参考国内外相关研究中关于指数编制的一些处理方法，本报告对所有指标值均通过计算 z 分数（z-score）进行了去量纲化，最终计算出各大地区的得分值。

在权重确定的策略方面，借鉴国内外指数编制经验，目前常见的有取算术平均值、因子分析、熵权法、德尔菲法等。由于本报告所涉及的指标数量适中、区分合理，而且指标之间不存在非常显著的相关性，因此不必采用较为复杂的指标处理方法，可以考虑取算术平均值，即在规模指数、发展指数、环境指数三大指标内部分别取平均值，最终再对三个指标取平均值，得到最终的财富管理发展宏观指数。

（四）数据描述

在进行数据转换、计算指标得分前，我们对从六大地区获得的数据进行了整理，相应分为财富管理规模、发展和环境三个部分，并分别测算指数得分。

财富管理规模数据如图 3－1 所示。在财富管理行业总规模方

---

① 含奥地利、比利时、塞浦路斯、丹麦、芬兰、法国、德国、希腊、爱尔兰、以色列、意大利、列支敦士登、卢森堡、马耳他、荷兰、挪威、葡萄牙、西班牙、瑞典、瑞士、英国。

② 含阿根廷、巴西、智利、哥伦比亚、哥斯达黎加、多米尼加、厄瓜多尔、危地马拉、墨西哥、巴拿马、秘鲁、乌拉圭、委内瑞拉。

③ 含阿塞拜疆、白俄罗斯、保加利亚、克罗地亚、捷克、爱沙尼亚、匈牙利、哈萨克斯坦、拉脱维亚、立陶宛、波兰、罗马尼亚、俄罗斯、塞尔维亚、斯洛伐克、斯洛文尼亚、土库曼斯坦、乌克兰、乌兹别克斯坦。

④ 含阿尔及利亚、安哥拉、巴林、埃及、埃塞俄比亚、伊朗、伊拉克、约旦、肯尼亚、科威特、黎巴嫩、利比亚、摩洛哥、尼日利亚、阿曼、卡塔尔、沙特阿拉伯、南非、苏丹、叙利亚、坦桑尼亚、突尼斯、土耳其、阿联酋、也门。

⑤ 含中国、孟加拉国、澳大利亚、印度、印度尼西亚、马来西亚、缅甸、新西兰、巴基斯坦、菲律宾、新加坡、韩国、斯里兰卡、泰国、越南以及中国台湾和中国香港。

第三章 全球财富管理发展宏观指数

29

面，北美、西欧和亚太仍然具有显著优势，但是西欧与亚太的差距正在逐渐缩小，2020 年两个地区的财富管理规模相当，而 2021 年亚太地区的财富管理规模已经超过西欧。由于 2018 年全球股票市场表现不佳，而北美和西欧的财富管理市场主要以高风险产品为主，这两个地区受此影响，总财富增长几乎停滞。在高净值人群财富所占份额方面，北美地区仍然名列首位，而亚太地区则以非高净值人群为主。从中能够明显比较出各地区在财富管理行业规模上的特征。

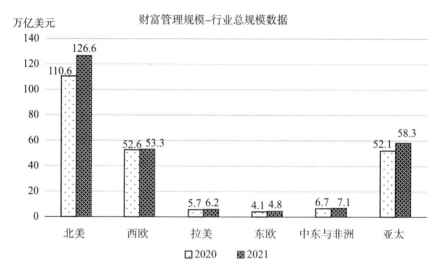

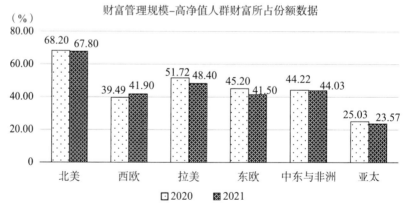

图 3－1　财富管理规模数据

资料来源：波士顿咨询 2022 年、2021 年财富管理报告与凯捷 2022 年、2021 年财富管理报告。

数据经过四舍五入处理，图中的高净值人群划分以 100 万美元为界。

财富管理发展数据如图3-2所示。在行业总规模增速指标上，西欧、中东与非洲地区相较于上年有所回落，其他地区行业总规模增速相较于上年略有增长。在高净值人群财富增速方面，拉美地区呈现负增长，中东与非洲及亚太地区增速有所回落。北美地区仍保持着高净值人群财富的高速增长。可能原因是科技部门推动了强劲的财富增长。2021年西欧地区高净值人群财富增速超过了亚太地区，可能是由于公用事业、科技股等板块表现良好，有助于促进财富增长。在拉美地区，由于该地区重要经济体的经济疲软，高净值人群财富在全球范围内增长最少，2021年为－0.2%，而财富管理行业总规模仅增长了8.77%。虽然在阿根廷、巴西和墨西哥，高净值人群的财富有所增加，但其他拉美地区高净值人群财富的下降抵

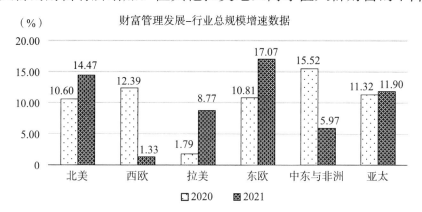

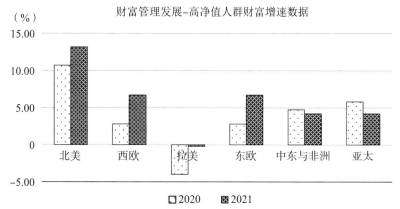

图3-2　财富管理发展数据

　　资料来源：瑞士信贷2022年财富管理报告，波士顿咨询2022年、2021年财富管理报告以及凯捷2022年、2021年财富管理报告。数据经过四舍五入处理，并经过国家与地区间的口径换算。

消了这一增长。结合瑞士信贷关于高净值人群规模的统计，财富向金字塔顶端的集聚效应仍然存在，即这部分群体的财富规模增长远快于其人数规模增长。

图3-3展示了财富管理环境数据，限于所列国家众多，我们不对单个数据点展开讨论，而是综合各地区六个分项的结果。从各地区的结果来看，财富管理环境波动较小，表现平稳。总体上，北美与西欧地区仍然保持着较高的得分，表明这两个地区的政府廉洁程度高，有利于财富管理市场发展，但北美地区的得分自2018年以来呈现逐年下降趋势；亚太地区的得分分布较为分散，但均超过20分；中东与非洲、拉美地区的财富管理行业发展环境则不受好评，相较于其他地区均值更低。

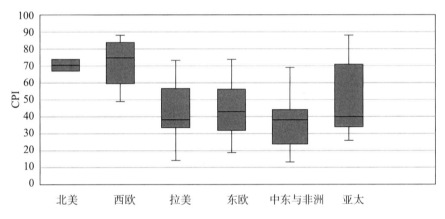

图3-3　财富管理环境数据

资料来源：2021年全球清廉指数（CPI），按照本章中规定的地区划分进行了整理。

中东与非洲地区存在的武装冲突、权力的暴力过渡以及恐怖主义，可能会使中东与非洲地区的发展环境进一步恶化。拉美、东欧少数国家的得分相较于2020年有所进步。各地区的财富管理环境数据与2020年报告差异不大。

以上数据均有明确而可靠的数据来源，具体情况请参见本章第二部分。

二、数据来源

本章在指标体系构建部分，主要依据三大机构的财富管理报告及其数据，以及全球清廉指数数据库，并参考了世界银行和国际货币基金组织数据库。其中，规模指数和发展指数以瑞士信贷2022年财富管理报告和波士顿咨询2021年、2022年财富管理报告为主要数据来源，凯捷的数据作为参考；环境指数采用透明国际2022年最新发布的2021年全球清廉指数得分。相关情况见表3-2。

表3-2　财富管理发展宏观指数数据来源

项目		数据来源
宏观指数编制	规模指数	波士顿咨询2021年、2022年财富管理报告； 参考凯捷的数据
	发展指数	波士顿咨询2021年、2022年财富管理报告；瑞士信贷2022年财富管理报告；凯捷2021年、2022年财富管理报告
	环境指数	透明国际2021年全球清廉指数

三、结果展示

（一）三大指数分项得分

对三大指数分项进行 z 指数化处理并加总统计，得到全球六大地区 2021 年度财富管理分项指数得分，见表3-3至表3-5。

表3-3　财富管理规模指数得分列表

2021年	规模指数分项得分		规模指数总分
	财富管理行业总规模	高净值人群财富所占份额	
北美	96.03	94.90	95.47
西欧	58.76	42.65	50.70
拉美	22.25	60.72	41.49
东欧	21.39	41.56	31.47
中东与非洲	22.82	48.58	35.70
亚太	62.78	7.03	34.91

表3-4　财富管理发展指数得分列表

2021年	发展指数分项得分		发展指数总分
	财富管理行业总规模增速	高净值人群财富增速	
北美	78.47	95.31	86.89
西欧	6.83	58.07	32.45
拉美	42.12	8.71	25.42
东欧	89.25	58.07	73.66
中东与非洲	24.69	35.86	30.27
亚太	63.44	35.86	49.65

表3-5　财富管理环境指数得分列表

2021年	环境指数总分
北美	88.28
西欧	89.93
拉美	24.53
东欧	29.82
中东与非洲	13.96
亚太	43.41

（二）财富管理发展宏观指数总得分

对三部分得分进行求平均、排序，可以得到各地区的财富管理发展宏观指数总分以及排名位次，见表3-6。

表3-6　财富管理发展宏观指数得分列表

地区	2021年				2020年
	指标	得分	总分	位次	位次
北美	规模指数	95.47	90.21	1	1
	发展指数	86.89			
	环境指数	88.28			
西欧	规模指数	50.70	57.70	2	2
	发展指数	32.45			
	环境指数	89.93			

续表

地区	2021年				2020年
	指标	得分	总分	位次	位次
拉美	规模指数	41.49	30.48	5	6
	发展指数	25.42			
	环境指数	24.53			
东欧	规模指数	31.47	44.98	3	5
	发展指数	73.66			
	环境指数	29.82			
中东与非洲	规模指数	35.70	26.64	6	4
	发展指数	30.27			
	环境指数	13.96			
亚太	规模指数	34.91	42.65	4	3
	发展指数	49.65			
	环境指数	43.41			

2021年的财富管理发展宏观指数总分显示，北美与西欧分列前两位，北美在高净值人群财富增速方面保持领先地位。其他地区中，东欧以其较为稳定的增长和改善的环境而位列第三名，而中东与非洲的排名不稳定，其环境得分的下降直接导致其排序降为最后。

亚太地区此次指数得分有所下降。凯捷公司指出，受到主要国家经济增长放缓的影响，亚太地区的高净值人群财富增长乏力。2021年，新加坡的高净值人群财富增速低于全球高净值人群财富增速，且中国和马来西亚的高净值人群财富增速与2020年相比显著放缓。中国受新冠疫情的影响，2021年财富增长缓慢，房地产行业遭受挑战也是导致财富增长缓慢的原因之一。此外，受到中美持续贸易争端的影响，据估计，互联网集团总市值损失超过1万亿美元，也导致中国科技行业利润下降。亚太地区整体表现为财富增长乏力。近几年亚太地区的财富管理环境评分波动不大，相对平稳，为财富管理发展提供了相对稳定的环境。但随着新冠疫情影响逐渐减小，消费者信心恢复，可以认为在未来，亚太地区的财富管理行业发展潜力巨大。波士顿咨询公司估计，在一般情况下，亚太地区财富管理行业规模能够保持 8.4％ 的复合年增长率。

北美地区此次位列指数排名首位。北美地区在高净值人群增长以及财富增长方面均保持了领先地位，近两年北美财富管理环境指数得分均保持稳定，加之其在规模指数和发展指数上的高得分，北美地区的总分在近两年始终居于首位。根据凯捷公司的统计，美国的高净值人群财富增速约为 14％，受益于其技术部门如微软、英伟达的强劲表现；加拿大的财富增长则受益于油价反弹以及能源行业复苏。当然我们也注意到，美国政府的一系列政策引发国际关系紧张，可能对北美地区的财富发展产生影响，未来几年北美的财富发展速度可能有所下降。

西欧的排名比较稳定，但总分相较于 2020 年有显著下降，降幅主要来源于发展指数得分。西欧的财富管理环境指数得分始终保持首位，虽然受到新冠疫情影响部分国家 CPI 得分有所下降，但是整体财富发展环境依然处于领先地位。且由于西欧离岸财富市场规模大，足以支持其指数得分。2021 年以来部分西欧国家经济复苏也推动了西欧经济市场的强劲增长。可以认为，西欧地区相较于后三位的地区而言整体环境比较稳定，指数排名在未来不太可能发生巨大波动。

其他三个地区中，东欧的得分较高，主要是受到发展指数带动。相较于其他地区，波士顿咨询公司的数据显示东欧的财富管理行业变动更小，但是随着俄乌冲突带来的食品和能源成本提高，全球范围的通货膨胀对未来东欧地区的财富增长带来压力。未来东欧地区的排名可能会略有下降。

中东与非洲以及拉美则在本次排名中垫底。这两个地区的财富管理行业规模与除了北美以外的其他地区差距不大，但是在行业发展环境上则始终乏善可陈，两者的环境指数得分相较于 2020 年波动不大。市场环境的改善是一个漫长的过程，而战争、政局动荡、政府腐败和独裁则成为这两大地区财富管理行业的掣肘。此外，受疫情影响，市场环境的改善收效甚微。不过总的来说，拉美和中东与非洲地区的增长前景仍然存在，能源储备可能会促进未来财富管理行业的增长，波士顿咨询公司估计未来中东与非洲地区的财富增长可以达到5.4%的复合年增长率。

通过构建规模、发展、环境三个维度的分指数并计算总分排名，本书对世界各地区财富管理行业的最新发展态势进行了分析。总体上看，在2021年，全球财富管理行业增长仍在持续，但是受到股票市场的冲击较大，在增速等方面表现略低于往年。传统优势地区在规模和发展环境上的优势仍然存在，新兴市场国家和地区需要继续改善自身的财富管理行业发展环境，并谋求更加稳定的增长。中国在亚太地区财富管理行业中始终扮演着重要角色，随着疫情带来的外部冲击逐渐减弱，可以预计在未来，亚太地区财富管理行业仍然能保持较快速的发展。

本指数得出的结论与国际权威机构发布的财富管理报告基本吻合，可以作为研究全球财富管理行业的参考。

第四章

中国财富管理行业发展指数

本章从规模、产品、机构发展、机构声誉和人才队伍五个方面度量了中国财富管理行业发展状况。

一、中国财富管理行业规模指数

（一）指标选取与数据来源

中国财富管理行业规模指数旨在动态刻画近年来我国财富管理行业规模的整体变化情况。为了保证该指数的科学性、系统性与完整性，我们在借鉴《中国资产管理行业发展报告（2018）》等研究的基础上，充分考虑当前我国财富管理的行业发展特征[①]，最终选择银行业、证券业、保险业、信托业和基金业等五个行业的财富管理规模作为一级指标，并以此来构建我国财富管理行业规模指数。

分指标来看，银行业财富管理规模用银行业非保本理财产品存

---

① 2012年监管部门首次允许期货公司加入资管阵营，2016年我国泛资管行业所管理的资产总规模约为102.5万亿元，期货公司资管规模为2 792亿元，占比仅为0.27%，不足百分之一，可见期货公司资管业务还未成为我国财富管理的主要手段。

续余额①来度量，数据来源于银行业理财登记托管中心。证券业、信托业和基金业财富管理规模分别用证券业、信托业和基金业资管规模来度量。其中，证券业资管规模包括证券公司及其子公司私募资管产品（含私募子公司私募基金）；信托业资管规模分单一资金信托、集合资金信托和管理财产信托三大类；基金业资管规模包括公募基金、私募基金、基金管理公司私募资管计划、基金子公司私募资管计划等在内的总资管规模。保险业财富管理规模用保险业资金运用余额②来度量。中国财富管理行业规模指数指标框架如表4-1所示。

表4-1　中国财富管理行业规模指数指标框架

	一级指标	指标内涵a
银行业	银行业财富管理规模	银行业非保本理财产品存续余额
证券业	证券业资管规模	证券公司及其子公司私募资管产品（含私募子公司私募基金）
保险业	保险业资金运用余额	万能险、投连险、管理企业年金、养老保障及其他委托管理资产
信托业	信托业资管规模	单一资金信托、集合资金信托、管理财产信托
基金业	基金业资管规模	公募基金、私募基金、基金管理公司私募资管计划、基金子公司私募资管计划

a. 各指标所涵盖的各财富管理业务资金规模总和即为该行业财富管理规模。

按照上述指标的分类，我们利用中国银行保险监督管理委员会③、Wind 数据库、中国证券业协会、中国证券投资基金业协会、中国保险资产管理业协会以及中国信托业协会等发布的各类报告等公开渠道获得相关数据，时间跨度为 2013 年至 2022 年上半年，具体如表 4-2 所示。

<hr />

① 自 2018 年一行两会一局联合发布了《关于规范金融机构资产管理业务的指导意见》，提出打破刚性兑付，银行保本理财业务开始离场。根据银行业理财登记托管中心与中国银行最新发布的《中国银行业理财市场报告（2019 年）》，银行理财规模的衡量口径已被更新为非保本银行理财产品余额，因此本报告也同步更新指标框架中对银行财富管理规模的衡量口径。

② 中国证券业协会在其发布的《中国证券业发展报告》的关于证券公司资产管理业务的分报告中，采用保险业资金运用余额来代表保险业资产管理规模。

③ 2023 年 3 月，中共中央、国务院印发了《党和国家机构改革方案》，在中国银行保险监督管理委员会基础上组建国家金融监督管理总局，不再保留中国银行保险监督管理委员会。

表 4 - 2 中国财富管理行业规模指数一级指标数据来源

一级指标	数据来源	频率
银行业财富管理规模	银行业理财登记托管中心、Wind 数据库	年度
证券业资管规模	中国证券投资基金业协会	
保险业资金运用余额	中国银行保险监督管理委员会	
信托业资管规模	中国信托业协会	
基金业资管规模	中国证券投资基金业协会	

根据上述数据来源，我们获取了各个指标 2013 年至 2022 年上半年的相关数据，各指标具体数据见表 4 - 3。

表 4 - 3 2013 — 2022 年中国财富管理行业规模 单位：万亿元

一级指标	2013 年	2014 年	2015 年	2016 年	2017 年	2018 年	2019 年	2020 年	2021 年	2022 年[a]
银行业财富管理规模	6.53	10.09	17.43	23.11	22.17	22.04	23.40	25.86	29.00	29.15
证券业资管规模	5.19	7.95	11.89	17.58	16.88	13.36	10.83	8.55	8.24	7.68
保险业资金运用余额	7.69	9.33	11.18	13.39	14.92	16.41	18.53	21.68	23.23	24.71
信托业资管规模	10.91	13.98	16.34	20.25	26.25	22.70	21.60	20.49	20.55	21.11
基金业资管规模	5.50	12.46	26.21	36.29	36.60	37.03	37.38	44.91	53.22	54.51

a. 表中 2022 年数据口径的统计时间截至 2022 年上半年，下同。

（二）权重测算

2012 年以前，我国财富管理行业发展相对滞后，监管部门还未大规模放开金融机构的财富管理业务。2012 年，监管部门陆续推出新政，如券商资管新政十一条、放宽公募基金投资范围、保险业资管放松以及首次允许期货公司加入资管阵营，使财富管理行业步入具有竞争、创新、混业经营等特征的大资管时代。2013 年，在"放松管制、放宽限制、防控风险"的政策环境下，传统资管的分业经营壁垒逐渐被打破，各类资产管理机构之间的竞争加剧，银行、券商、保险、基金、信托等各类资产管理机构开始涌向同一片红海，我国财富管理行业也开始进入快速发展的新阶段，2013 年也因此被称作"中国大资管元年"。

有鉴于此，我们选择 2013 年为基期，基期指数为 100，对原始数据进行标准化无量纲处理，然后通过因子分析法计算得到每个指标所占的权重（见表4-4）。一方面，这样处理可以避免各指标量纲不同所引起的比较无意义性；另一方面，能够比较直观地看出我国自2013年进入大资管元年之后，财富管理行业的发展态势。

表4-4 中国财富管理行业规模指数一级指标权重

一级指标	权重
银行业财富管理规模	20.05%
证券业资管规模	20.05%
保险业资金运用余额	20.08%
信托业资管规模	19.89%
基金业资管规模	19.94%

（三）指数测算

对收集到的数据进行无量纲处理，经过计算[①]与加权合成，我们测算得到了中国财富管理行业规模总指数及分行业指数（见表4-5）。

表4-5 中国财富管理行业规模指数及其增长率（2013—2022年）

时间	总指数	分行业规模指数				
		银行业	证券业	保险业	信托业	基金业
2013年	100.00	100.00	100.00	100.00	100.00	100.00
2014年	156.74	154.52	153.18	121.41	128.14	226.66
	(56.74%)[a]	(54.52%)	(53.18%)	(21.41%)	(28.14%)	(126.66%)
2015年	253.47	266.92	229.09	145.43	149.77	476.70
	(61.72%)	(72.75%)	(49.56%)	(19.79%)	(16.88%)	(110.32%)
2016年	342.37	353.91	338.73	174.20	185.61	660.14
	(35.07%)	(32.59%)	(47.86%)	(19.78%)	(23.93%)	(38.48%)
2017年	352.84	339.51	325.24	194.09	240.60	665.78
	(3.06%)	(−4.07%)	(−3.98%)	(11.42%)	(29.63%)	(0.85%)
2018年	337.81	337.52	257.42	213.45	208.07	673.60
	(−4.26%)	(−0.59%)	(−20.85%)	(9.97%)	(−13.52%)	(1.17%)

---

① 计算方法举例：2015年证券业的财富管理规模指数 $=\dfrac{2015年证券业资管规模}{2013年证券业资管规模}\times 100$。

续表

时间	总指数	分行业规模指数				
		银行业	证券业	保险业	信托业	基金业
2019 年	337.02	358.35	208.67	241.05	197.98	679.97
	（−0.24％）	（6.17％）	（−18.94％）	（12.93％）	（−4.85％）	（0.95％）
2020 年	369.27	396.02	164.74	282.02	187.81	816.95
	（9.57％）	（10.51％）	（−21.05％）	（17.00％）	（−5.14％）	（20.14％）
2021 年	412.01	444.10	158.77	302.19	188.36	968.11
	（11.57％）	（12.14％）	（−3.63％）	（7.15％）	（0.29％）	（18.50％）
2022 年	419.87	446.40	147.98	321.44	193.49	991.58
	（1.91％）	（0.52％）	（−6.80％）	（6.37％）	（2.73％）	（2.42％）

a. 括号中为当年指数的同比增长率，下同。

（四）结果分析

1. 总体走势分析

如图 4-1 所示，2013 年至 2022 年上半年，我国财富管理行业规模指数整体呈现两个发展阶段。第一阶段为 2013—2016 年的迅猛增长阶段，指数从 2013 年第一季度基期的 100 增长到 2016 年的342.37，三年间增长了 242.37％。第二阶段为 2017—2022 年的稳定发展阶段，2018 年指数首次出现回落，降至 337.81，2020 年指

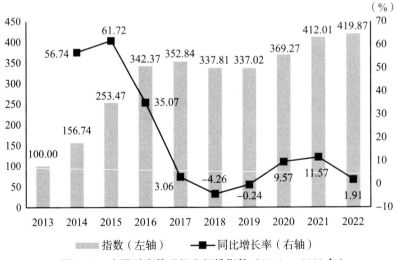

图 4-1　中国财富管理行业规模指数（2013 — 2022 年）

数开始回升，并进入新一轮上升通道。2022 年上半年，指数维持上升通道运行，增速企稳。据测算，截至 2022 年上半年，总指数为 419.87，同比增长 1.91%。

其中，2013—2016 年总指数超高速且加速增长，原因在于：一方面，2013 年起全球经济总体缓慢复苏，主要经济体增长态势和货币政策分化明显，与此同时，中国金融市场创新发展加快，金融基础设施建设不断完善，金融体系总体稳健，服务经济社会能力不断增强，尤其是 2015 年，中国金融业改革全面深化，利率市场化改革不断推进，养老金获准入市，第二批自贸区建设正式启动，"一带一路"建设务实推进，亚洲基础设施投资银行正式成立，丝路基金投入运营以及人民币加入国际货币基金组织特别提款权（SDR）货币篮子带来了预期向好。基于此，中国金融机构实力进一步提高，资源进一步拓展。另一方面，2013 年中国资管行业刚刚起步，"改革红利"开启了中国资产管理行业大发展的新思维、新方向，"政策红利"也为各金融业态带来了创新创业的激情与激励，资产管理行业也因此而飞速发展。

第二阶段为 2017—2022 年的稳定增长阶段。究其原因，国际方面，2017 年以来特别是进入 2018 年，世界政治经济格局发生深度调整变化，外部不确定性增加，使得中国经济金融体系面临的外部环境日趋复杂。影响和威胁全球金融稳定的风险因素也在增加，特别是全球贸易保护主义抬头，由美国挑起的经贸摩擦对全球及中国宏观经济和金融市场构成负面影响。同时，美国等主要发达经济体的货币政策调整也可能引发全球流动性收紧，并对新兴市场国家形成外溢效应。国内方面，中国经济金融体系中多年累积的周期性、体制机制性矛盾和风险正在水落石出，经济运行中结构性矛盾仍较突出，调整体制机制性因素需要一个过程，化解潜在的风险隐患需要付出一定的成本，甚至经历一定阵痛，任务较为艰巨。行业方面，2017 年，五年一次的全国金融工作会议召开，提出服务实体经济、防范金融风险、深化金融改革三项任务，明确指出金融工作的重要原则为"回归本源、优化结构、强化监管、市场导向"。在全国金融工作会议的任务部署下，国务院金融稳定发展委员会成立，加强金融监管协调，确保金融安全稳定发展；中国人民银行、银保监会、证监会和外管局联合发布《关于规范金融机构资产管理业务的指导意见》；一行两会等金融监管机构针对银行、证券、基金、保险出台一系列监管政策，在推动资产管理行业不断规范的同时，正本清源、优胜劣汰效应也逐渐显现。2019年，国际环境深刻变化，经济全球化遭遇波折，国际金融市场震荡，特别是中美经贸摩擦给市场预期带来了不利影响；国内经济转型阵痛凸显，周期性、结构性问题叠加，经济出现新的下行压力；在错综复杂的国际国内环境之下，金融领域改革深化，资产管理行业在弱冠之年也迎来重大变局与转型挑战，推动资管业务回归本源的政策相继出台，在不断收紧、规范的监管窗口之下，"政策红利"已尽褪去，在防风险、严监管、大变革的同时，行业将由规模发展进入高质量发展新阶段。2020年，在新冠疫情冲击和国内外经济复杂形势的影响下，中国金融体系流动性供求变化的不确定性明显加大，随着中国率先控制疫情、率先复工复产、率先实现经济正增长，央行稳健的货币政策体现了前瞻性、主动性、精准性和有效性，同时也为资管行业逆势回升提供了有力支撑。展望未来，中国经济长期向好、市场空间广阔、发展韧性强大的基本特征没有改变，以国内大循环为主体、国内国际双循环相互促进的新发展格局正在形成，因此中国资管行业有望进入新一轮增长通道。

经历了财富管理模式蓬勃发展之后，转型成为行业近几年最为重要的主题，"潮水逐步退去"的过程其实也正是行业逐步实现转型的过程。2021年，资管新规平稳过渡，从落地到实施历经三年多，资管新规不仅使监管标准走向统一，更重塑了资管市场格局，督促行业回归本源。2022年资管新规迎来全面实施，资管行业整装再发，步入提质升级的新发展阶段。

2. 分行业走势分析

如图4-2所示，从分行业规模指数来看，2013年至2022年上半年，基金业、银行业和保险业财富管理规模指数整体呈不断增长趋势，其中，基金业规模指数始终遥遥领先，信托业规模指数和证券业规模指数呈先增后减趋势。根据测算，截至2022年上半年，银行业规模指数为 446.40、同比增长 0.52%，证券业规模指数为 147.98、同比下降 6.80%，保险业规模指数为 321.44、同比增长 6.37%，信托业规模指数为 193.49、同比增长 2.73%，基金业规模指数为 991.58、同比增长 2.42%（见图 4－2 和图 4－3）。

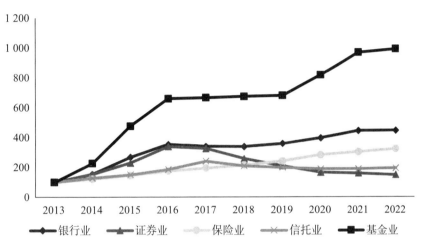

图 4－2　中国财富管理分行业规模指数（2013 — 2022 年）

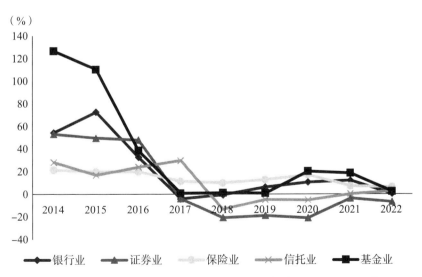

图 4－3　中国财富管理分行业规模指数同比增长率（2013 — 2022 年）

分梯队来看，2013—2017 年，五大行业资管业务发展呈三阶梯队，第一梯队为基金业，第二梯队为证券业和银行业，第三梯队为保险业和信托业；从 2017 年起，各行业梯队出现分化，截至 2022 年上半年，呈现行业梯队新格局，第一梯队仍为基金业，第二梯队为银行业和保险业，第三梯队为证券业和信托业。

（1）银行业走势分析。

银行业规模指数从 2013 年基期的 100 增长到 2022 年上半年的 446.40，九年来增长了近 350%，与总指数走势相同，银行业规模指数整体呈波动上升趋势。

自 2004 年以来，中国银行业财富管理业务发展迅速。尤其是 2013—2016 年，受金融市场化改革持续推进、居民收入持续增长等诸多利好因素影响，银行在满足客户高收益需求的同时，又迫切需要通过表外理财业务节约银行资本消耗，导致银行表外理财业务规模快速增长。2013—2016 年，银行理财资金账面余额平均增速高于 50%，远高于同期银行业贷款和 M2 的平均增速。长期高速发展使得银行理财的潜在风险不断积聚，管理不规范、不完善等弊病逐步暴露出来。

从 2017 年开始，银行业规模指数开始进入下行通道，一方面，监管部门以守住不发生系统性风险的底线为基本前提，以推动银行理财回归代客理财的财富管理业务本源为宗旨，进一步加强监管；另一方面，银行表外理财被明确纳入宏观审慎评估（MPA）考核体系，以满足去杠杆、挤泡沫、缓慢释放风险的需要。受这两方面因素影响，2017 年银行业财富管理业务发展明显放缓，银行业规模指数同比增长率持续下降。

从市场情况来看，2018 年《商业银行理财子公司管理办法》等监管文件陆续出台，在资管新规的指导之下，银行保本理财注定将退出历史。实际上，很多银行在资管新规出台不久，已经开始控制甚至是缩减了保本理财发行的规模，为的就是尽早适应新规对行业的冲击。尤其对于保本理财发行和保有量较大的股份制和城商行，资管新规冲击更大。但是，资管新规过渡期延长，设置了一定的缓冲时间。

2021年是资管新规过渡期的收官之年，加之现金管理类理财整改靴子落地，银行理财进入净值化运作新阶段。与此同时，跨境理财通、养老理财等创新业务取得实质性进展，银行理财产品矩阵进一步丰富。2022年，银行理财业务的监管回归常态，政策层面鼓励新产品的设立与新竞争力的培育。

（2）证券业走势分析。

证券业规模指数走势整体呈现先增后减两个阶段：2013—2016年，指数呈上涨趋势，从基期的100上升到2016年的338.73；但从2017年起，指数进入下降通道，2022年上半年指数跌至147.98，同比下降6.80％。

2012年以前，与信托业、保险业、基金业、银行业等行业相比，证券业的资产管理规模相对较低。2012年，资产管理业务迎来全面放开之年，行业监管政策环境极大改善。当年10月19日，中国证监会正式发布了《证券公司客户资产管理业务管理办法》《证券公司集合资产管理业务实施细则》及《证券公司定向资产管理业务实施细则》（简称"一法两则"）。根据"一法两则"的相关规定，产品由行政审批制改为报备制、投资范围扩大、允许产品分级、允许集合计划份额转让等，使得证券公司资产管理业务全面驶入快车道。特别是2012年券商通道类资管业务的放开，使之逐渐成为该类业务的重头戏，成为推动券商资管业务发展的主要动力。2013年，证券业财富管理业务充分利用制度红利迅猛发展，同业竞争环境明显改善，券商资管规模当年年末就达到5.21万亿元，同比增长175％。随后三年，虽然证券业资管规模增速逐渐放缓，但依靠政策红利的余温，增长率依旧保持较高水平。

2017年，监管开始严控券商通道，由于券商资管对通道的依赖过于严重，资管业务受到极大影响，指数增长率变为负值，资管规模较2016年有所下降。

2018年，主要是在资管新规去通道、降杠杆和消除层层嵌套政策的指引下，券商资管的发展重心从过去的"以规模论英雄"主动向"优质发展"转型，积极提升主动管理能力，回归资管业务本源是监管的要求，也是券商资管的主攻方向。未来的券商资管将逐步回归本源；多层嵌套蕴含极大不确定性的产品将退出历史舞台，主动管理能力和营销能力是未来券商立于市场的核心竞争力。

近年来，定向资管计划持续压降，资管产品有待扩容。定向资管计划是券商资管产品主力，但去通道约束下规模逐年下降，2021年底定向资管计划规模同比下降 31.80%，去通道进程持续加速，由此 2021 年至今券商资管规模维持下降通道。

（3）保险业走势分析。

2013 年至 2022 年上半年，保险业规模指数一直处于上升通道，从 2013 年基期的 100 上升至 2022 年上半年的 321.44，九年来持续稳定增长了 220% 多，保险业是最具潜力、增长最稳定的资管行业。

保险业始终坚持"保险姓保"的发展理念，主动适应新常态，不断进行改革创新，行业发展势头良好，保费收入保持增长，资产规模不断扩大，为资产管理业务的开展营造了稳定的环境。近年来，保险行业迎来了较快发展；各种创新型产品层出不穷，尤其是以万能险为代表的产品更是增速迅猛，势不可挡。然而，万能险过度增长也带来了很多问题，不仅扰乱了市场秩序，而且"扰乱"了保险的本源和初心。

随着政策的完善和保险资金运用的拓展，我国保险资管行业正处于快速发展的黄金年代。保险资管行业孕育于保险资金应用，跟随保险业发展而壮大，已成为大资管的重要组成部分。

保险资管业务蓬勃发展，监管制度也在逐步补齐。继 2020 年 3 月《保险资产管理产品管理暂行办法》（银保监会令 2020 年第 5 号）出台后，同年 9 月，银保监会发布办法配套文件，通过《组合类保险资产管理产品实施细则》《债权投资计划实施细则》和《股权投资计划实施细则》三个细则，进一步规范保险资产管理产品业务发展。《保险资产管理产品管理暂行办法》及配套细则落地，是资管新规在保险资管产品上的监管细化，融合后保险资管将成为大资管行业的重要主体，从同业委托向个人财富市场拓展，迎来保险资管新机遇。近年来，受疫情多发及严监管等影响，保费增长明显放缓，同时保险资管公司受托业务的竞争压力加大，因此2021年以来保险资管规模增速有所放缓。

（4）信托业走势分析。

2013—2020年，信托业规模指数呈现先增后减趋势，且增速整体落后于其他资管行业，2021年信托业规模指数开始回升，截至2022年上半年，指数回升至193.49，同比增长2.73%。

2018年信托业规模指数大幅下降，究其原因，一是在去通道化和消除多重嵌套的影响之下，信托业的通道业务整体承压。从数字上来看，信托资管的总体规模从2018年年初的26万亿元下降到第三季度末的23万亿元，降幅高达10%以上，而下降的主要原因是通道业务的下降。二是违约增加，监管力度加大。2018年，在经济压力下行和破刚兑的影响之下，企业违约案例逐渐增多，主要表现在各类经营不善和高杠杆企业身上。随着债券市场违约的增加，相应的信托产品也出现了违约。资管新规之下，信托业的"刚兑"招牌在监管严令禁止和风险事件频发中已经名存实亡。据统计，2018年信托项目违约事件的发生频次不仅远高于2017年，而且金额亦较2017年出现较大增长。根据公开信息整理，信托项目中发生踩雷的项目有77个，涉及金额达296.53亿元。从资金投向来看，工商企业类项目的违约行为较多，往往是一家公司出现问题，多个信托产品出现违约；而房地产类和政信类信托项目的风险事件发生较少。

2019年，信托公司开始注重加强建设财富管理渠道，提升主动管理能力，集合资金信托占比进一步提升，财产权信托尤其是资产证券化等事务管理类信托业务发展获得较快发展，因此2019年降幅较上年有所缩窄。

在资金信托新规征求意见、窗口指导等监管的正确引导下，信托业持续"挤水分"，有序压降融资类和通道类业务规模，不断深化转型方向，因此从2021年起，信托业指数迎来拐点，显现出柔性回升趋势。随着资管新规过渡期结束，目前行业转型已进入"深水区"，融资类、通道类业务的收入贡献难以维系，标品业务和投资类信托已成为信托业转型的重要方向。

（5）基金业走势分析。

2013—2022 年，基金业规模指数呈现稳定上涨趋势，从 2013 年基期的 100 上升到 2022 年上半年的 991.58，九年间增长了近 900％，远远高于其他行业规模指数的增速。

2014 年，资产管理业务迎来全面放开之年，基金业各类非公募财富管理业务发展迅猛。从当年 2 月 7 日起，《私募投资基金管理人登记和基金备案办法（试行）》开始施行，私募基金获得明确的法律地位。紧接着 2014 年 5 月 9 日，国务院发布"新国九条"，首次把培育私募市场提升到一个新的高度，行业监管政策环境极大改善。而随着行业资产规模的不断壮大，基数越来越大，保持高速增长所需的增量要求也越来越大，而且在长期快节奏的增长背后，销售渠道往往制约着规模，需要通过增速放缓、结构调整等方式化解行业中存在的各种矛盾。

2016 年该行业的规模增速开始大幅下降，导致基金业规模指数增长率出现大幅回调，2017 年，基金子公司通道业务受到严格监管，资管规模大幅缩水。目前来看，基金公司在与其他资管机构的同业竞争中仍具有一定优势，首先，基金公司因为建立初衷就是管理资产，所以有丰富的历史经验和雄厚的人才基础；其次，相较于其他行业，基金公司合规成本低，还可以利用合格境内机构投资者（QDII）等渠道投资境外市场，有助于稳定资管规模。

2020 年疫情冲击导致资本市场波动剧烈，不过中国以牺牲短期经济增长为代价使疫情迅速得到控制，结合宽松政策提振，各类型资产价格中枢均有抬升，基金整体也收益良好，其中权益类基金表现最为突出，股票型及混合型产品募集份额总数较 2019 年涨幅分别为 82.17％和 734.87％。权益市场走强推动公募基金发行募集规模大幅增大。

2021 年公募基金管理规模和份额继续创历史新高，公募行业整体继续维持较好的增长态势。但是短期内，一方面，疫情对经济造成了一定的负面影响，相关主题基金产品受到较大冲击；另一方面，由于基金行业销售、运营等工作需要销售渠道、托管机构、结算机构等多方配合完成，加之基金估值时效要求高，在疫情严重期间，各方均出现了人手短缺、沟通协调成本激增的现象，对基金销售和运营工作提出了极大挑战。

目前私募基金行业在资产管理业务中所占比重越来越大，在资本市场的机构投资者中的分量也越来越重。在供给侧方面，险资在投资收益率压力下，资产配置比例将向私募股权基金倾斜，而银行理财、养老金也将持续提供资金；在项目需求侧方面，中国正处于产业结构转型的关键期，科技创新需要私募股权基金支持，万余家"专精特新小巨人"待支持，将为私募股权基金提供源源不断的优质资产。

二、中国财富管理产品指数

（一）指标选取与数据来源

中国财富管理产品指数旨在动态测度我国财富管理机构不同类别理财产品的发行数量。根据上文我国财富管理行业规模指数一级指标的分类结果，我们分别对银行业、证券业、保险业、信托业和基金业做了财富管理产品的细分，并以每一类理财产品的发行数量为分析指标，以此对我国财富管理产品总体发行情况进行量化评估。

在银行业方面，理财产品有多种分类方法（见表4-6）。按收益类型不同，理财产品可划分为保证收益类产品、保本浮动收益类产品和非保本浮动收益类产品三类；按运作模式不同，可把理财产品划分为开放式理财产品和封闭式理财产品两类；按投资者类型不同，可以把理财产品划分为一般个人类产品、机构专属类产品、私人银行类产品和银行同业类产品四类；还可以按不同的期限类型和不同的机构类型等来划分银行理财产品。从目前的公开资料来看，对近年来银行业不同类别产品发行数量进行统计的，只有按运作模式不同划分的开放式理财产品发行数量和封闭式理财产品发行数量这两个指标。[①] 但 2016—2020 年银行业理财登记托管中心并未公布开放式理财产品和封闭式理财产品各自的发行数量（只有发行总量），在 2016 年的报告中我们用 2016 年上半年的发行数据对其进行估计，但 2017—2020 年仍用上一年估计的数据进行滚动估计显然不合理，受限于数据可得性，我们改选银行业理财产品发行数量作为银行业理财产品指标，时间跨度为 2013—2022 年。

表 4-6　银行业理财产品的分类

分类依据	类别	数据类型
收益类型	保证收益类	规模存量数据[a]
	保本浮动收益类	
	非保本浮动收益类	
运作模式	开放式	数量流量数据[b] 数量存量数据[c] 规模存量数据
	封闭式	
投资者类型	一般个人类	规模存量数据
	机构专属类	
	私人银行类	
	银行同业类	

a. 例如保证收益类产品 2017 年资金余额。
b. 例如保证收益类产品 2017 年发行数量。
c. 例如开放式理财产品 2017 年底存续产品数量。

　　在证券业方面，我们在前几年的财富管理报告中，根据中国证券投资基金业协会发布的《中国证券投资基金业年报》和中国证券业协会发布的《中国证券业发展报告》两份报告，在分析证券业资管产品的发行数量和资金管理规模时均把产品划分为集合计划类产品、定向资管类产品和专项资管类产品三类。但随着监管政策调整，原来对券商资管业务的分类已不能匹配新的业务模式，中国证券投资基金业协会最新的统计指标可以佐证。因此，

[①]　其他分类方法下指标的数据类型见表 4-7。

鉴于数据的可得性与统一性，我们以 Wind 数据库中的券商新成立产品总数指标来衡量券商资管产品的发行情况，时间跨度为2013—2022 年。

在保险业方面，我国保险理财产品由人寿险下的分红保险、投资连结保险和万能保险组成，但是保险业相关指标只统计了三类险种的保费收入，并没有统计各自的险种数量。中国保险资产管理业协会也仅统计了 2014—2017 年保险资管产品发行总量，没有做类别上的细分。受限于数据可得性，我们选取保险资管产品发行数量作为保险业理财产品指标，并根据中国保险资产管理业协会官网公布的保险资管产品的发行公告，逐年统计了保险业资管产品发行数量，由此将该数据的时间跨度拓展到 2013—2022 年。

在基金业方面，基金业财富管理主要由公募基金、基金公司及其子公司的资管产品和私募投资基金组成。2013 年之前，私募基金需要依托信托等平台才能开展阳光私募业务，2014 年 1 月 17 日，中国证券投资基金业协会发布《私募投资基金管理人登记和基金备案办法（试行）》，开启私募基金备案制度，才赋予了私募基金合法身份，同时私募基金作为管理人可以独立自主发行产品。为此，我们在 2013—2020 年的时间区间内，选取公募基金发行数量和基金及其子公司资管产品发行数量等两个二级指标来量化考察基金业财富管理产品的发展情况。

在信托业方面，我们参考了 Wind 数据库对信托业资管产品的分类方法，把信托业财富管理产品按资金投向划分为证券投资信托、贷款类信托、股权投资信托、债权投资信托、权益投资信托、组合投资信托和其他投资信托等七类，并以每一类别年度发行产品数量指标来量化分析信托业财富管理产品的发行情况。时间跨度为2013—2022 年。

据此，我们筛选出 5 个一级指标，12 个二级指标，同时延续上文关于财富管理行业规模指数的数据跨度和频率，以此来构建2013—2022 年中国财富管理产品指数。具体的指标体系及数据描述见表 4-7，原始数据见表 4-8。

表 4-7　中国财富管理产品指数一、二级指标分类及其数据来源

一级指标	二级指标	数据来源	频率
银行业	银行业理财产品发行数量	银行业理财登记托管中心	年度
证券业	券商新成立产品总数	Wind 数据库	
保险业	保险资管产品发行数量	中国保险资产管理业协会	
基金业	公募基金发行数量	中国证券投资基金业协会	
	基金及其子公司资管产品发行数量		
信托业	证券投资信托产品发行数量	Wind 数据库	
	贷款类信托产品发行数量		
	股权投资信托产品发行数量		
	债权投资信托产品发行数量		
	权益投资信托产品发行数量		
	组合投资信托产品发行数量		
	其他投资信托产品发行数量		

表 4-8　2013—2022 年中国财富管理产品发行数量　　单位：只

一级指标	二级指标	2013 年	2014 年	2015 年	2016 年	2017 年	2018 年	2019 年	2020 年	2021 年	2022 年
银行业	银行业理财产品发行数量	144 043	180 507	186 792	202 100	257 700	176 239	124 078	69 000	47 600	15 200
证券业	券商新成立产品总数	2 107	3 343	5 572	9 273	10 463	7 435	6 473	7 442	8 745	3 090
保险业	保险资管产品发行数量	103	175	121	152	216	213	255	461	559	255
基金业	公募基金发行数量	387	366	840	1 150	980	855	1 047	1 378	1 898	740
	基金及其子公司资管产品发行数量	2 575	7 188	9 936	5 546	1 926	1 259	1 163	2 084	2 262	744
信托业	证券投资信托产品发行数量	1 781	4 910	7 309	1 972	3 454	1 866	1 798	4 843	8 750	3 396
	贷款类信托产品发行数量	1 400	1 553	1 066	912	958	986	1 093	351	213	101
	股权投资信托产品发行数量	243	217	223	199	218	182	101	31	240	64
	债权投资信托产品发行数量	415	583	515	495	264	254	425	97	687	485
	权益投资信托产品发行数量	730	1 367	729	654	750	763	596	259	546	319
	组合投资信托产品发行数量	296	316	215	213	257	228	204	11	0	0
	其他投资信托产品发行数量	1 009	1 038	935	1 505	2 126	2 336	3 205	2 273	6 514	2 889

（二）权重测算

按照上文的处理方法，我们在对数据进行标准化处理后，对其进行因子分析，计算得到每个指标所占的权重，权重结果如表4-9所示。

表4-9　中国财富管理产品指数一、二级指标权重

一级指标	二级指标	权重（％）
银行业	银行业理财产品发行数量	17.98
证券业	券商新成立产品总数	22.14
保险业	保险资管产品发行数量	20.93
基金业	公募基金发行数量	11.11
	基金及其子公司资管产品发行数量	11.11
信托业	证券投资信托产品发行数量	2.66
	贷款类信托产品发行数量	2.59
	股权投资信托产品发行数量	1.94
	债权投资信托产品发行数量	2.64
	权益投资信托产品发行数量	2.59
	组合投资信托产品发行数量	1.66
	其他投资信托产品发行数量	2.64

（三）指数测算

对收集到的数据进行无量纲处理，经过加权模型，测算得到2013—2022年中国财富管理产品总指数及分行业指数（见表4-10）。

表4-10　中国财富管理产品指数及其增长率（2013－2022年）

时间	总指数及其增长率	分行业产品指数及其增长率				
		银行业	证券业	保险业	基金业	信托业
2013年	100.00	100.00	100.00	100.00	100.00	100.00
2014年	159.73	125.31	158.66	169.90	186.86	149.38
	（59.73％）	（25.31％）	（58.66％）	（69.90％）	（86.86％）	（49.38％）
2015年	197.61	129.68	264.45	117.48	301.46	144.53
	（23.72％）	（3.48％）	（66.68％）	（−30.86％）	（61.33％）	（−3.25％）

续表

时间	总指数及其增长率	分行业产品指数及其增长率				
		银行业	证券业	保险业	基金业	信托业
2016 年	227.33	140.31	440.10	147.57	256.27	100.62
	(15.04%)	(8.20%)	(66.42%)	(25.62%)	(−14.99%)	(−30.38%)
2017 年	242.47	178.90	496.58	209.71	164.01	119.70
	(6.66%)	(27.51%)	(12.83%)	(42.11%)	(−36.00%)	(18.97%)
2018 年	191.18	122.35	352.87	206.80	134.91	106.35
	(−21.15%)	(−31.61%)	(−28.94%)	(−1.39%)	(−17.74%)	(−11.15%)
2019 年	190.28	86.14	307.21	247.57	157.85	118.85
	(−0.47%)	(−29.60%)	(−12.94%)	(19.72%)	(17.01%)	(11.75%)
2020 年	244.72	47.90	353.20	447.57	218.50	93.71
	(28.61%)	(−44.39%)	(14.97%)	(80.78%)	(38.42%)	(−21.15%)
2021 年	314.42	33.05	415.05	542.72	289.14	231.59
	(28.48%)	(−31.01%)	(17.51%)	(21.26%)	(32.33%)	(147.13%)
2022 年	128.19	10.55	146.65	247.57	110.05	104.94
	(−59.23%)	(−68.07%)	(−64.67%)	(−54.38%)	(−61.94%)	(−54.69%)

（四）结果分析

1. 总体走势分析

如图 4-4 所示，2013—2021 年我国财富管理产品指数整体呈波动上升趋势。2013—2017 年，指数从 2013 年基期的 100 增长到 2017 年的 242.47，四年间增长了 1.4 倍。2018 年指数首次出现回落，并大幅下降至 191.18，同比下降 21%。从 2020 年起，指数开始回升，截至 2022 年上半年，总指数为 128.19。[①]

事实上，从 2013 年进入大资管时代开始，银行业、证券业、保险业、信托业和基金业等各类资管行业，无论是规模还是产品数量均经历了冲高回落的过程。特别是在 2015 年，银行业、信托业和保险业的产品指数增长率出现了不同程度的下降，共同导致了 2015 年以来我国财富管理产品指数增速的大幅回调。其中，银行业产品指

---

① 由于产品指标统计的是流量数据，所以 2022 年指标比理论值偏低。

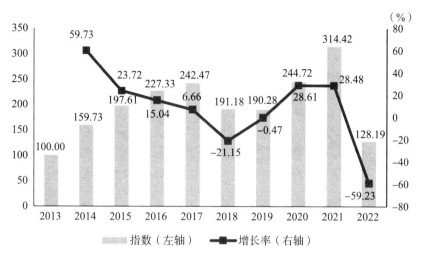

图 4-4 中国财富管理产品指数（2013—2022年）

数增长率为 3.48%，信托业产品指数增长率为 -3.25%，保险业产品指数增长率大幅下降至 -30.86%。证券业和基金业产品指数尽管还保持着 60% 以上的增长，但是与前几年的增长率相比，已经有较大程度的下降。2018 年，银行业、证券业、基金业和信托业产品指数均大幅下降，导致 2018 年财富管理产品指数同比下降 21%，其中银行业同比下降 31.61%、证券业同比下降 28.94%、基金业同比下降 17.74%、信托业同比下降 11.15%。从 2020 年起，指数开始回升，而 2022 年上半年指数的大幅下降是因为原指标为一整年的流量指标，而截至报告期为半年数据，因此测算为指数时呈现急剧下跌状态。

2. 分行业走势分析

从分行业产品指数来看，2013—2021 年间各行业产品指数发展趋势分化较为明显（详见图 4-5、图 4-6），大致可分为三类：证券业和基金业产品指数呈大幅波动趋势，保险业和信托业产品指数呈波动上升趋势，银行业产品指数呈波动下降趋势。根据测算，截至 2022 年上半年，银行业产品指数为 10.55，证券业产品指数为 146.65，保险业产品指数为 247.57，基金业产品指数为 110.05，信托业产品指数为 104.94。

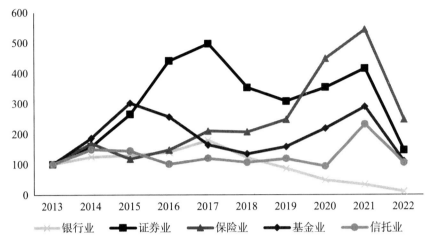

图 4 - 5　中国财富管理分行业产品指数（2013 — 2022 年）

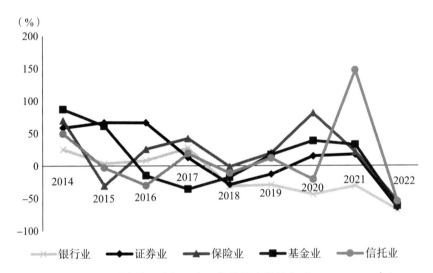

图 4 - 6　中国财富管理分行业产品指数同比增长率（2013 — 2022 年）

（1）银行业走势分析。

在银行业方面，2013—2022 年指数整体呈先升后降趋势。2013—2017 年，指数由 100 上升至 178.90；2018 年指数断崖式降至 122.35，后几年指数维持下降通道，截至 2022 年上半年进一步下跌至 10.55。

2013—2014 年，银行业凭借强大的销售渠道和客户资源，在上游极有优势，是理财产品迅速扩张期。2015—2016 年，银行资管的运营模式严重偏离资管本质，特别是净值型产品一直不受欢迎，刚性兑付一时难以打破，通道业务占比过重，从 2016 年起监管部门又开始压缩通道业务，整顿理财业务，所以银行业机构理财产品发行量增速放缓。2017 年，在银监会的指导下，银行理财积极转型，各银行业金融机构理财业务能力和风控能力得到有效提升，使产品发行量增速回升明显。2018 年对银行理财市场来说是不平凡的一年，一系列重磅新规出台之后，市场面临重大改革，这一年理财市场发生了很多变化，不仅保本理财产品和短期理财产品业务萎缩，产品也向净值化转型，因此从 2018 年起银行业产品指数进入下降通道。而 2021 年银行业理财产品骤减的主要原因一是 2021 年以来资本市场动荡造成的发行端减速；二是理财公司主动进行策略调整，理财产品单只规模上升，发行数量相应减少。

（2）证券业走势分析。

在证券业方面，指数由 2013 年基期的 100 上升到 2017 年的 496.58，五年间增长近 4 倍；但 2018 年指数首次出现下降，大幅降至 352.87；2020 年指数开始回升，2021 年指数回升至 415.05。

2018 年证券业产品指数暴跌，2019 年维持大幅下降趋势，究其原因，主要是资管新规对行业发展提出了更规范的要求，券商逐步收窄通道业务，产品创新更为谨慎，多层嵌套蕴含极大不确定性的产品逐步退出历史舞台。而后，资管新规过渡期延长，券商资管公募化加速，加快了从经纪业务向资产管理的转型，因此从 2020 年起，指数出现回升，并进入新一轮的发展阶段。随着 2022 年 5 月底《公开募集证券投资基金管理人监督管理办法》正式发布，"一参一控一牌"新规落地，券商资管往公募牌照方向发展是大势所趋，设立资管子公司并申请公募基金管理业务资格已成为券商资管未来发展的重大战略举措，有助于券商实现大资管布局。

（3）保险业走势分析。

在保险业方面，2013—2021 年，指数整体呈现稳定上升趋势。分阶段来看，指数由 2013 年基期的 100 上升到 2017 年的 209.71，四年间累计增长了一倍多，而 2018 年指数小幅下降至 206.80，2019 年又大幅跃升至 247.57，2021 年攀升至 542.72。

我国保险系资管子公司的运营较为健康，偏离资管本质的成分较少，《组合类保险资产管理产品实施细则》等三个保险资管新规配套文件的实施，构建了保险资管行业较为完善的监管体系，赋予保险资管市场化地位，在监管要求上向银行理财看齐，有利于保险资管行业长期健康发展。

但近年来金融业对外开放提速，保险资管行业竞争愈加激烈。监管拟全面对外开放保险资管行业，允许开办外商独资保险资管机构。2021年9月，中国首家外资独资保险资管公司开业。随着金融业加快对外开放，外资控股的保险资管公司登上舞台，保险资管行业竞争将更加激烈。

（4）基金业走势分析。

在基金业方面，2013—2022年，指数整体呈现较大的波动。其中，2013—2019年，指数总体呈现先增后减趋势，由2013年基期的100大幅跃升至2015年的301.46，三年间增长了2倍多，从2016年起进入下降通道，至2018年已跌至134.91。2019年起指数出现回升，2021年指数回升至289.14。

从指数构成来看，公募基金发行数量与基金及其子公司资管产品发行数量两个二级指标的权重相同，而后者的增速变动比较大，直接主导了基金业指数变动。2016年基金及其子公司资管产品仅发行5 546只，同比下降44.18％，专户理财等产品发行量的骤减致使指数增长率大幅下跌。2018年延续了2017年的趋势，不仅基金及其子公司资管产品发行数量持续减少，公募基金产品发行数量也减少了14.78％。而2019年，公募基金产品发行数量同比增长22.46％，使得2019年基金业产品指数大幅上升。2021年基金业逆势创新，极大地丰富了投资者的选择。尤其是公募基金行业在资产类型、投资期限、主题基金、投资范围、投资区域、产品策略、指数创新和交易手段等各个方向持续推进，出现了新型基金类型包括不动产投资信托基金（REITs）、持有期短债基金、双碳基金、可投公募基金的非FOF（基金中的基金）普通基金等十余种。其中，酝酿了十多年、与现有的产品资产完全不同的公募REITs迎来了首发。

（5）信托业走势分析。

在信托业方面，2013—2021 年指数呈波动上升趋势，2021 年指数攀升至 231.59，同比增长 147.13％。

2021 年指数的大幅攀升，主要是由于信托产品发行量较上年有大幅增长，其中证券投资信托产品同比增加了 80.67％，股权投资信托产品同比增加了 674.19％，债权投资信托产品同比增加了 608.25％，权益投资信托产品同比增加了 110.81％，其他投资信托产品同比增加了 186.58％。

三、中国财富管理机构发展指数

（一）指标选取与数据来源

中国财富管理机构发展指数旨在通过我国财富管理机构的集中度评估，动态刻画机构的整体发展情况。

行业集中度是指某行业相关市场内前 N 家最大的企业所占市场份额（产值、产量、销售额、销售量、职工人数、资产总额等）的总和，是对整个行业市场结构集中程度的测量指标，它可以衡量企业的数目变化和相对规模差异，是机构垄断程度和同业竞争的重要量化指标，也是在行业研究过程中评估机构发展情况的重要参考指标。[①]

在指数构建过程中，我们延续上文我国财富管理行业规模指数与产品指数的一级指标选取方法，从银行业、证券业、保险业、信托业和基金业等五个方面来量化分析我国财富管理机构的集中度变化状况。

在银行业方面，我们根据 Wind 数据库提供的上市银行年度理财产品发行数量，对每家银行进行排名，计算得到前十名银行的理财产品发行数量市场份额之和，以此作为银行业财管集中度指标。[②]

---

① 如中国证券投资基金业协会每年发布的《中国证券投资基金业年报》在分析证券机构在资产管理业务方面的发展时，就采用了排名前十的证券公司资管规模集中度指标。

② 之所以没有选择银行理财规模计算集中度，主要是公开数据库中没有相关数据。而如果采用查找年报的方式又很难保证数据齐全，无法计算集中度。

在证券业方面，我们选取中国证券投资基金业协会每年发布的《中国证券投资基金业年报》所计算的证券公司资管规模排名前十的集中度作为证券业财管集中度指标，来刻画证券机构发展情况。

在保险业方面，由于保险公司财富管理规模的分机构数据不可得，而理财保险①属于人寿保险的新险种，人寿保险又是人身保险②的主要险种，人身保险公司的原保险保费收入和保险公司的理财规模具有高度相关性，因此我们选取排名前十的人身保险公司原保险保费收入的集中度作为保险业财管集中度的替代变量，以此分析保险机构发展情况。

在信托业方面，我们根据各家信托公司年报公布的资管规模数据，对每家公司进行排名，以排名前十的信托公司资产管理规模集中度作为信托业财管集中度指标来量化分析信托机构发展情况。

在基金业方面，我们根据 Wind 数据库提供的基金公司资金规模数据，对每家基金公司进行排名，计算得到排名前十的基金公司资金规模集中度，以此作为基金业财管集中度指标。

以上数据的时间跨度均为 2013—2022 年。具体指标选取及数据来源如表 4-11 所示。

表 4-11　中国财富管理机构发展指数指标选取与数据来源

	一级指标	排名依据	排名	数据来源	频率
银行业	银行业财管集中度	银行理财产品发行数量	前十名	Wind 数据库	年度
证券业	证券业财管集中度	券商资管规模		中国证券投资基金业协会	
保险业	保险业财管集中度	人身保险公司原保险保费收入		保监会、Wind 数据库	
信托业	信托业财管集中度	信托公司资管规模		Wind 数据库	
基金业	基金业财管集中度	基金公司资金规模		Wind 数据库	

根据上述数据来源，我们获取了各个指标 2013 年至 2022 年上半年的相关数据，各指标具体数据见表 4-12。

————————

① 目前我国开设的理财保险主要有分红险、投资连结险和万能险三类。
② 人身保险按照保障范围可以划分为人寿保险、人身意外伤害保险和健康保险。

表 4 - 12　2013 — 2022 中国财富管理机构集中度情况（%）

一级指标		2013 年	2014 年	2015 年	2016 年	2017 年	2018 年	2019 年	2020 年	2021 年	2022 年
银行业	银行业财管集中度	51.77	49.38	40.25	31.38	34.07	32.32	35.94	31.12	23.94	23.96
证券业	证券业财管集中度	43.40	45.40	50.40	47.50	45.03	47.57	48.19	55.72	55.71	77.00
保险业	保险业财管集中度	85.73	81.72	75.85	72.30	71.30	73.49	71.78	62.41	61.51	82.70
信托业	信托业财管集中度	38.69	40.46	46.26	42.57	40.53	40.47	42.37	45.43	49.61	49.61
基金业	基金业财管集中度	48.33	52.33	49.02	47.04	51.07	45.08	43.00	41.65	40.59	40.38

（二）权重测算

按照上文的处理方法，我们在对数据进行标准化处理后，对其进行因子分析，计算得到每个指标所占的权重，权重结果如表 4 - 13 所示。

表 4 - 13　中国财富管理机构发展指数一级指标权重

一级指标		权重（%）
银行业	银行业财管集中度	22.06
证券业	证券业财管集中度	17.62
保险业	保险业财管集中度	21.54
信托业	信托业财管集中度	21.52
基金业	基金业财管集中度	17.26

（三）指数测算

我们以 2013 年为基期，通过加权模型，测算得到 2013—2022 年中国财富管理机构发展总指数及分行业指数（见表 4 - 14）。

表 4 - 14　中国财富管理机构发展指数及其增长率（2013 — 2022 年）

时间	总指数及其增长率	分行业机构发展指数及其增长率				
		银行业	证券业	保险业	信托业	基金业
2013 年	100.00	100.00	100.00	100.00	100.00	100.00
2014 年	101.20	95.38	104.61	95.32	104.57	108.28
	（1.20%）	（—4.62%）	（4.61%）	（—4.68%）	（4.57%）	（8.28%）
2015 年	99.91	77.75	116.13	88.48	119.57	101.43
	（—1.28%）	（—18.49%）	（11.01%）	（—7.18%）	（14.34%）	（—6.33%）

续表

时间	总指数及其增长率	分行业机构发展指数及其增长率				
		银行业	证券业	保险业	信托业	基金业
2016 年	91.30	60.61	109.45	84.33	110.03	97.33
	(-8.62%)	(-22.04%)	(-5.75%)	(-4.68%)	(-7.98%)	(-4.04%)
2017 年	91.49	65.81	103.76	83.17	104.76	105.67
	(0.22%)	(8.57%)	(-5.20%)	(-1.38%)	(-4.79%)	(8.57%)
2018 年	90.16	62.43	109.61	85.72	104.60	93.28
	(-1.46%)	(-5.14%)	(5.64%)	(3.07%)	(-0.15%)	(-11.73%)
2019 年	91.84	69.42	111.04	83.73	109.51	88.97
	(1.86%)	(11.20%)	(1.30%)	(-2.33%)	(4.69%)	(-4.61%)
2020 年	91.70	60.11	128.39	72.80	117.42	86.18
	(-0.14%)	(-13.41%)	(15.63%)	(-13.05%)	(7.22%)	(-3.14%)
2021 年	90.36	46.24	128.36	71.75	128.22	83.99
	(-1.47%)	(-23.07%)	(-0.02%)	(-1.44%)	(9.20%)	(-2.55%)
2022 年	104.26	46.28	177.42	96.47	128.22	83.55
	(15.38%)	(0.08%)	(38.22%)	(34.45%)	(0.00%)	(-0.52%)

(四) 结果分析

1. 总体走势分析

如图 4-7 所示,从总体走势上来看,2013—2021 年我国财富管理机构发展指数呈现阶梯式下降趋势。第一阶梯是 2013—2015 年,指数围绕 100 小幅波动;2016—2021 年指数下跌至第二阶梯,其中 2016 年指数大幅下降 8.62%,自此指数在 90 水平附近小幅波动。截至 2022 年上半年,指数大幅攀升至 104.26[①],同比增长 15.38%。

2016 年,指数增长率出现大幅下跌,原因在于:一方面监管部门出台了一系列规范资管市场的新政,同业竞争环境得到明显改善,五大传统金融行业内部机构间的财富管理业务竞争日趋激烈;另一方面,随着我国金融行业间混业经营、合作的深入,资管行业的同质性愈发彰显,行业间竞争更为激烈,导致全行业集中度大幅下跌。

---

① 由于年中金融机构尤其是小规模机构披露的业务及经营数据较不完全,在计算集中度时因数据缺失导致集中度偏高,因此截至 2022 年上半年的机构发展指数不作为后续分析的重点。

图 4－7 中国财富管理机构发展指数（2013－2022 年）

2. 分行业走势分析

从分行业指数来看，各行业机构发展指数的走势分化较为显著（详见图 4－8、图 4－9）。银行业、基金业和保险业指数整体呈下降趋势；证券业和信托业指数整体呈波动上升趋势。根据测算，截至 2022 年上半年，银行业机构发展指数为 46.28、同比增长 0.08％，证券业机构发展指数为 177.42、同比增长 38.22％，保险业机构发展指数为 96.47、同比增长 34.45％，信托业机构发展指数为 128.22，基金业机构发展指数为 83.55、同比下降－0.52％。

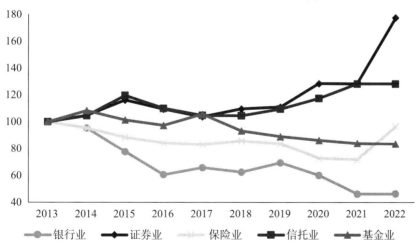

图 4－8 中国财富管理机构发展分行业指数（2013－2022 年）

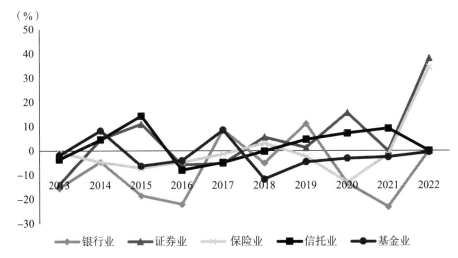

图 4-9 中国财富管理机构发展分行业指数同比增长率（2013—2022 年）

（1）银行业走势分析。

在银行业方面，2013—2022 年，指数整体呈波动下降趋势，指数由 2013 年基期的 100 下跌至 2022 年的 46.28，九年来下降了约 50%。

一方面，银行业机构数量快速攀升，新增机构主要包括农村信用社和合作银行改制成的商业银行，此外，民营银行准入放开，截至 2021 年底已成立 17 家民营银行，代销渠道逐步拓宽使得集中度整体下降。另一方面，理财产品净值化以来，理财产品公募的差异化竞争也有所显现，投资者对理财产品的接受度继续提升，持有多种理财产品的投资者有所增加，进一步分散了集中度。

（2）证券业走势分析。

在证券业方面，九年来指数整体处于波动上升状态，其中 2015 年和 2020 年增速较大。

2015 年 A 股市场跌宕起伏，中小券商抵御风险能力较弱，致使财富管理业务向券商巨头集中，最终导致指数大幅上升。2020 年，国内券商的同质化程度比较明显，因此"大而全"的券商在市场环境下相对优势明显，"强者恒强"趋势进一步加强。未来，券商行业的分化会进一步加剧。

（3）保险业走势分析。

在保险业方面，指数总体呈现下降趋势，由 2013 年基期的 100

下降至 2021 年的 71.75，同比下降 1.44％。

　　近年来随着中小型保险公司业务快速发展、渠道建设不断完善，其市场份额逐年上升，大型保险公司市场集中度不断降低。此外，监管层面逐步放开了外资市场，大型险企保费增速低于行业，外资险企整体增速高于行业，市场集中度逐渐下降。

　　（4）信托业走势分析。

　　在信托业方面，2013—2022 年，指数呈现波动上升趋势，由 2013 年基期的 100 上升至 2015 年的 119.57，之后又逐年下降至 2018 年的 104.60，2019 年开始回升，2021 年回升至 128.22。其中，2015 年和 2021 年的指数增长率较高，2015 年为 14.34％，2021 年为 9.20％。

　　2015 年我国信托业市场竞争格局尚未形成，业务技术和行业发展不如保险、证券、基金、银行等其他金融子行业规范，信托业仍有较大的成长空间。从金融机构牌照数量看，信托牌照具有一定的稀缺性，信托公司在分业经营、分业监管的金融体制下，仍享有较高的制度红利。

　　2021 年在外部形势仍然存在较大的不确定性、风险管理压力较高以及信托业面临转型的情况下，信托公司业绩分化趋势显著。而排名前十的信托公司凭借自身先发优势，表现出相对较好的抗风险能力，业绩保持平稳。

　　（5）基金业走势分析。

　　在基金业方面，九年来指数处于波动下降状态，2021 年指数下降至 83.99，同比减少 2.55％。其中 2018 年指数降幅较大，同比下降了 11.73％。

　　2018 年下半年，先后有 28 家基金公司的 40 只基金产品分三次获批，且部分产品已经成功发行，养老目标基金迎来开局之年，同时政策释放的科创板的利好为基金业带来了新的机遇与市场，因此 2018 年基金业机构集中度有所下降，从而使指数大幅下降。

四、中国财富管理机构声誉指数

　　金融机构的发展是财富管理行业发展的基础，也是行业发展水平的具体体现。前面我们从资产管理规模的角度刻画了中国财富管理机构发展水平，然而，除了量的维度之外，还需要从质的角度衡量整个行业内机构发展的状况。财富管理本质上提供的是一种金融中介服务，因此，财富管理公司的客户满意度以及它们在社会上的声誉状况是衡量公司服务质量进而公司品牌价值外延度的重要指标。从市场营销的角度来看，它包含了公司的知名度和公司的美誉度两个方面。其中，知名度是美誉度的基础，而美誉度则体现了品牌在消费者心目中的价值水平、好感和信任程度。在这一部分，我们利用两个不同的数据来源对上述指标进行度量。

第一，我们借助问卷调查的方式，对国内 19 个大型城市的个体居民进行随机调查，从而直接获取不同地区个体居民对境内各类财富管理机构的了解和认知情况。在这一部分，我们可以获取社会公众对不同机构的评价情况。然而，受问卷调查时间的限制，这一数据只能提供 2022 年这一具体时点公众的评价水平。我们无法通过问卷调查的数据获取不同年份财富管理机构声誉的变化情况。第二，为解决这一问题，我们借助近年来在资产定价领域常用的文本分析方法，从主流财经媒体的报道内容中提取不同机构被报道的文章，并用这些文章反映出来的正负面情绪状况作为媒体对该机构的评价指标。

接下来，我们具体阐述各指标的构造过程。

（一）指标选取与数据描述

（1）问卷调查数据。

我们通过问卷调查的方式对全国范围内 19 个城市的居民进行随机调查（具体问卷见本章附录一）。在问卷调查过程中，我们首先对被调查者的家庭资产配置状况以及他们对理财和财富管理的基本认识进行了简单咨询。随后，针对不同类别财富管理机构，我们先请被访者主动回答自己认为理财业务做得比较好的机构，然后按照被访者回答的先后顺序排序。如果被访者一个都想不起来，就从备选项中逐一读出备选机构的名称进行提示，记录被访者的选择顺序。如果提示后被访者还是缺乏认知，那就填写"不知道"选项。

在完成问卷调查之后，我们对相关结果进行统计处理。在这里，我们给出了两种度量指标：一是计算每家金融机构在调查过程中被大家在"第一选择"中提及的比例。该指标度量了被调查者第一印象下的最优财富管理机构。二是根据每位被调查者提及的所有财富管理机构，按照等权重计算每家机构被提及的比例。这一指标度量了加权方式下的财富管理机构声誉状况。图4-10至图4-18是简单结果。

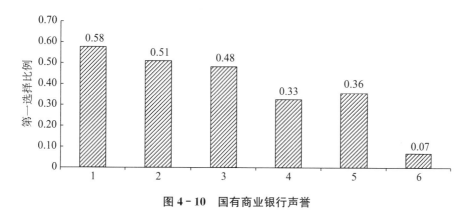

图4-10 国有商业银行声誉

注：此处不同取值分别对应如下机构：1. 工商银行；2. 建设银行；3. 中国银行；4. 农业银行；5. 交通银行；6. 不知道。

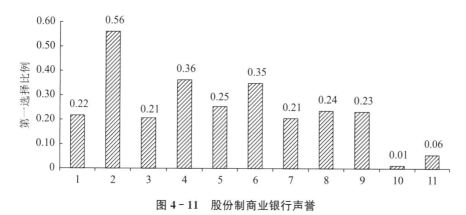

图4-11 股份制商业银行声誉

注：此处不同取值分别对应如下机构：1. 兴业银行；2. 招商银行；3. 民生银行；4. 平安银行；5. 浦发银行；6. 中信银行；7. 华夏银行；8. 光大银行；9. 广发银行；10. 其他；11. 不知道。

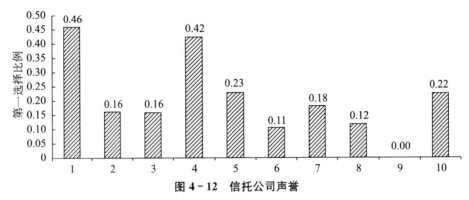

图4－12　信托公司声誉

注：此处不同取值分别对应如下机构：1. 中信信托；2. 中融信托；3. 华润信托；4. 平安信托；5. 兴业信托；6. 重庆信托；7. 中诚信托；8. 江苏信托；9. 其他；10. 不知道。

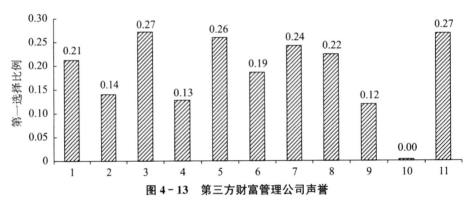

图4－13　第三方财富管理公司声誉

注：此处不同取值分别对应如下机构：1. 诺亚财富；2. 好买财富；3. 恒天财富；4. 格上理财；5. 宜信财富；6. 高晟财富；7. 大唐财富；8. 海银财富；9. 新湖财富；10. 其他；11. 不知道。

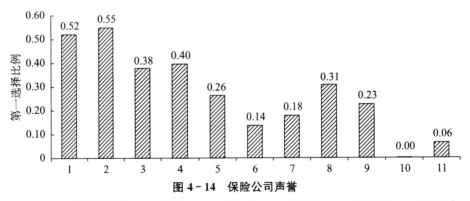

图4－14　保险公司声誉

注：此处不同取值分别对应如下机构：1. 中国人寿；2. 中国平安；3. 太平洋保险；4. 中国人保；5. 中国太平；6. 安邦保险；7. 新华保险；8. 泰康保险；9. 阳光保险；10. 其他；11. 不知道。

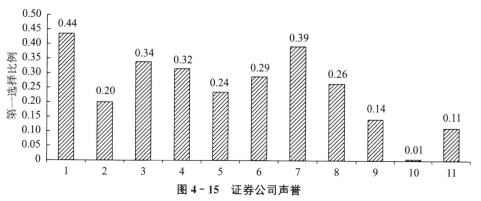

图4-15 证券公司声誉

注：此处不同取值分别对应如下机构：1. 中信证券；2. 海通证券；3. 国泰君安；4. 华泰证券；5. 银河证券；6. 中信建投；7. 招商证券；8. 国信证券；9. 申万宏源；10. 其他；11. 不知道。

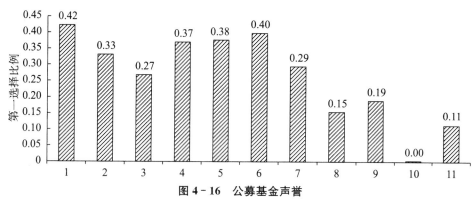

图4-16 公募基金声誉

注：此处不同取值分别对应如下机构：1. 华夏基金；2. 嘉实基金；3. 博时基金；4. 易方达基金；5. 南方基金；6. 广发基金；7. 工银瑞信；8. 上投摩根基金；9. 大成基金；10. 其他；11. 不知道。

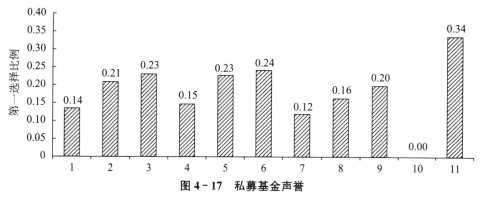

图4-17 私募基金声誉

注：此处不同取值分别对应如下机构：1. 赤子之心资本；2. 重阳投资；3. 千合资本；4. 淡水泉；5. 星石投资；6. 博道投资；7. 混沌道然资产；8. 朱雀投资；9. 展博资产；10. 其他；11. 不知道。

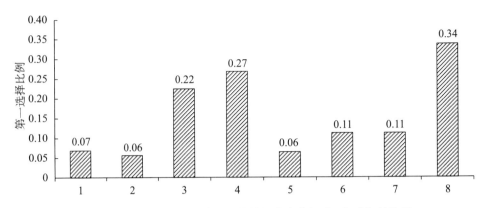

图 4-18　不同类别财富管理机构被调查者选择"不知道"的比例

注：此处不同取值分别对应如下机构：1. 国有商业银行；2. 股份制商业银行；3. 信托公司；4. 第三方财富管理公司；5. 保险公司；6. 证券公司；7. 公募基金；8. 私募基金。

从以上的调查结果我们可以看到如下特征：

第一，对于以上八类不同的财富管理机构，被调查者对于该类别中所有备选公司都不了解的比例，从高到低排名前三位的依次为私募基金、第三方财富管理公司、信托公司。被调查者对于保险公司、股份制商业银行和国有商业银行的认知水平相对较高。然而，对于一些近几年兴起的财富管理机构，市场认知度还比较低。分别有 34% 和 27% 的被调查者对我们列出的所有的私募基金和第三方财富管理公司没有任何了解。而作为传统的金融机构，商业银行和保险公司的社会认知度明显高出很多。从市场认知的角度看，传统财富管理机构的优势还是比较明显的。

第二，在国有商业银行中，工商银行和建设银行的声誉度较高。在股份制商业银行中，招商银行的财富管理声誉度远远高于其他银行。这一点与招商银行近年来在财富管理领域大刀阔斧的改革和发展不无关系。在信托公司中，中信信托和平安信托的声誉较高。在第三方财富管理公司中，恒天财富和宜信财富的声誉度相对较高。在保险公司中，中国平安和中国人寿的声誉度显著高于其他公司。在证券公司中，中信证券和招商证券的声誉显著高于其他券商。在公募基金中，华夏基金的声誉高于所有其他基金公司。对于私募基金而言，博道投资声誉度最高。

（2）媒体情绪数据。

媒体既是信息传播的主要渠道，也是信息产生的重要来源。媒体在报道过程中流露出的语气或者情绪在一定程度上能够反映社会对金融机构的价值评判。在金融学的研究中，大量的文献考察了媒体语气与资产价格的关系，也有了比较成熟的测度媒体情绪的方法。例如，Antweiler 和 Frank（2004）[1] 利用雅虎财经和"愤怒的公牛"BBS（网络股票讨论专区）中关于道琼斯工业平均指数和道琼斯全球指数 45 只成分股的 150 万条留言，简单地根据留言中关于"买""卖""持有"的信息，构建了股市牛气指数及意见分歧指数。Tetlock（2007）[2] 用定量方法度量了媒体语气与股票市场短期走势之间的关系。文章发现《华尔街日报》"与市场同步专栏"中的文章体现出的悲观情绪与次日道琼斯指数收益之间有显著的负相关关系。Tetlock 等（2008）[3] 进一步将媒体语言的分析扩展到预测个股收益方面，结果发现媒体报道某只股票的情绪可以预测该股票未来的收益以及公司未来的财务盈余。

为了构造媒体对财富管理机构报道内容的语气指标，我们从巨灵数据库公司购买了"中国主流财经媒体新闻报道数据库"。该数据库包括了《经济日报》《中国证券报》《上海证券报》《证券时报》《中国改革报》《金融时报》《中国日报》《证券市场周刊》《财经》等在内的 16 家主流财经媒体自 1993 年以来的新闻报道内容。考虑到中国财富管理行业大体从 2012 年左右开始进入快速发展的轨道，因此我们最终选择了 2012—2022 年间的媒体报道数据。

在上述数据的基础上，我们在所有报道（及其标题）中查找"财富管理""理财""私人银行""家族办公室""券商资管""保险资管"这些词汇。如果该报道中包含了上述词汇，我们就认为这篇报道与财富管理相关。通过这种方式，我们首先从所有的媒体报道

① Antweiler，W.，Frank，M. Z. Is all that talk just noise? The information content of internet message boards. *The Journal of Finance*，2004，59（3）：1259－1294.

② Tetlock，P. C. Giving content to investor sentiment：the role of media in the stock market. *The Journal of Finance*，2007，62（3）：1139－1168.

③ Tetlock，P. C.，Saar-Tsechansky，M.，Macskassy，S. More than words：quantifying language to measure firms' fundamentals. *The Journal of Finance*，2008，63（3）：1437－1467.

里筛选出与财富管理相关的新闻内容。

接下来，我们确定需要纳入被研究范围的财富管理机构的名录。按照通常的界定，财富管理机构主要有商业银行、信托公司、第三方财富管理公司、保险公司、证券公司、公募基金和私募基金等七大类。但是，每种类型的机构少则数十家，多则数百家。为了将研究聚焦在主要的财富管理机构中，我们按照资产规模在每种类型的机构中选出最大的若干家共计 67 家机构进行研究。具体来说，我们考察的商业银行（国有和股份制）包括：工商银行（工行）、中国银行（中行）、农业银行（农行）、建设银行（建行）、交通银行（交行）、兴业银行、招商银行、民生银行、平安银行、浦发银行、中信银行、华夏银行、光大银行、广发银行。信托公司包括：中信信托、中融信托、华润信托、平安信托、兴业信托、重庆信托、中诚信托、江苏信托。第三方财富管理公司包括：诺亚财富、好买财富、恒天财富、格上理财、宜信财富、高晟财富、大唐财富、海银财富、新湖财富。保险公司包括：中国人寿、中国平安、太平洋保险、中国人保、中国太平、安邦保险、新华保险、泰康保险、阳光保险。证券公司包括：中信证券、海通证券、国泰君安、华泰证券、银河证券、中信建投、招商证券、国信证券、申万宏源。公募基金包括：华夏基金、嘉实基金、博时基金、易方达基金、南方基金、广发基金、工银瑞信、上投摩根基金、大成基金。私募基金包括：赤子之心、重阳投资、千合资本、淡水泉、星石投资、博道投资、混沌道然资产、朱雀投资、展博资产。

针对每一家财富管理机构的名称，我们分别在新闻报道的标题和正文中进行搜索和匹配，进而判断出每一家财富管理机构的名称是否出现在某一篇新闻报道（标题和正文）中。

随后，我们需要测算出现了财富管理机构名称的那些新闻报道正文的语气，也被称为媒体报道的情绪。为此，我们首先要构建一个正负面词汇的词库。① 具体包括两个步骤：

---

① 本部分内容由中国人民大学财政金融学院汪昌云教授领衔的研究团队完成。特此感谢汪昌云教授、武佳薇博士、甘顺利博士、刘天宇博士等团队成员。

第一步，对新闻报道内容进行分词，即采用计算机程序把所有新闻报道分解成单个的字或者词。在这一步骤中，我们主要采用了三个标准作为分词的词库，对新闻报道进行分词。一是 2005 年 6 月由商务印书馆出版的《现代汉语词典》（第 5 版）。《现代汉语词典》全书收词约 65 000 条，基本上反映了目前现代汉语词汇的面貌，概括了当今常用的词汇。二是 2006 年 6 月由中国金融出版社出版的《最新汉英经济金融常用术语实用手册》。《最新汉英经济金融常用术语实用手册》分为两部分。第一部分包含了 2 000 余条经济金融类常用词语及相应的英文翻译，这些词汇是经济领域中不断出现的带有中国特色的新词语。第二部分是常见的英文缩略语的中文释义。三是在《现代汉语词典》中的所有词前面加上一个"不"字形成的一个新的词典。中文往往会在肯定的词前加一个否定副词表示否定的含义。譬如，最常见的就是把"不"这个字加在肯定的词前面，表示否定含义，而这一部分"联合词"不会出现在以上两个词典之中。因此，为了避免把否定类词汇归入肯定类词汇，我们设计了这一新的词典。在上述三个词库的基础上，我们对媒体报道的新闻内容进行分词。采用计算机程序和分词词库对新闻报道进行分词的结果是，一共将其拆分成了 2.5 万多个单个的字或词，并给出了相应的频率。这样一来，我们就能把每篇媒体报道转变为词汇集合。

第二步，定义正负面词汇。我们首先借鉴知网-中文信息结构库提供的正负面词汇（2007 年版本）对媒体报道内容进行匹配处理。我们知道，知网是一个以汉语词语所代表的概念为描述对象，以揭示概念与概念之间以及概念所具有的属性之间的关系为基本内容的常识知识库，是中国第一个电子知识系统。其中对中文词汇中的正负面词汇有较系统的分类。因此，采用知网的词汇分类具有较高的可信度。

而为了补充知网正负面词汇数量的不足，我们根据第一步中统计的词汇，按词频高低进行排序，采用专家识别法利用人工方式对每个词汇进行正面、负面、中性的区分。我们选择了三个研究人员对这些词频进行判断，以确定某个词汇是否属于感情词，如果属于感情词，那么就继续判断该词汇属于负面词汇还是正面词汇。具体步骤见图4-19。

通过该图可以看出，首先由三个研究人员分别处理每个时间区间

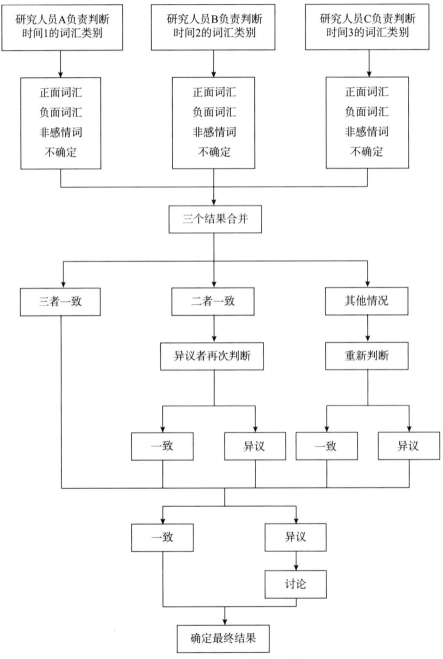

图4-19 金融词库具体构建步骤

内的词汇，判断出词汇的类别是正面词汇、负面词汇、非感情词还是不确定。将三个研究人员的判断结果汇总，可能出现三种结果：结果一，三者判断一致，则对这部分词汇归档整理；结果二，二者一致的词汇，则把这部分词汇发给持有异议的第三者重新判断，把判断结果和两者判断结果对比，一致则归档，不一致则归入异议词汇清单；结果三，其他情况则三者重新判断，一致则归档，不一致则归入异议词汇清单。这样，我们就对所有的词汇形成了两种判断，一类是一致的，另一类是持有异议的。对持有异议的词汇，所有研究人员集合在一起进行讨论，最终得出一个一致的结论。

结合知网提供的词汇性质和人工判断的词汇性质，我们最终整理出适用于中国金融、财经类媒体报道的正负面词库。该词库包括负面词汇 3 863 个，正面词汇 1 840 个。

接下来，我们利用每篇报道内容的负面词汇和正面词汇占总词汇的比例来量化测算每篇新闻报道的语气和倾向。公式如下：

$$\text{Neg}_{i,t} = \frac{报道负面词汇总数}{报道总词汇数} \qquad (4-1)$$

$$\text{Pos}_{i,t} = \frac{报道正面词汇总数}{报道总词汇数} \qquad (4-2)$$

其中，式（4-1）代表媒体负面情绪指数，表示财富管理机构 i 在 t 时刻的一篇媒体报道中负面词汇总数占报道总词汇数的比例；同理，式（4-2）代表媒体正面情绪指数，表示财富管理机构 i 在 t 时刻的一篇媒体报道中正面词汇总数占报道总词汇数的比例。通过上述步骤，得到下述格式的数据（见表 4-15）。

表 4-15 媒体报道情绪测度指标

财富管理机构名称	时间	新闻代码	正面词汇数量	负面词汇数量	总词汇数	正面词汇比例	负面词汇比例
工商银行	2012-02-01	×××××××	10	8	200	0.05	0.04
中国银行	2012-02-03	×××××××	20	20	200	0.10	0.10
平安信托	2013-02-06	×××××××	30	40	300	0.10	0.13
中信证券	2015-02-06	×××××××	40	30	500	0.08	0.06
……	……	……	……	……	……	……	……

最后，我们构建每一家财富管理机构在每个月的媒体正面（负面）指数。其中，月度媒体（正面）负面指数定义为：

$$\text{Institute\_id}_{i,t} = \frac{1}{m}\sum_{j=1}^{m}\text{Sentiment}_{i,j,t}$$

式中，$\text{Institute\_id}_{i,t}$代表财富管理机构 i 在第 t 月的媒体正面（负面）指数，j 代表新闻代码；$\text{Sentiment}_{i,j,t}$代表财富管理机构 i 在第 t 月新闻代码为 j 的媒体报道中的媒体正面（负面）指数，即表4-15 中的倒数第一或第二列。

根据以上方法，我们计算了每个月财富管理机构在主流财经媒体上被报道的次数以及媒体报道的情绪。以下是具体的数据描述：

从图4-20 和图4-21 的月度走势可以看出，2012 年 1 月—2022 年 1 月期间，主流财经媒体对财富管理机构的报道数量先增后减，分别在 2014 年初和 2016 年底达到峰值。从媒体对财富管理机构报道的内容看，在整个样本区间，正面报道的比例始终超过负面报道的比例，且正面/负面比例逐渐上升。这表明样本期内媒体对财富管理机构的态度是偏正面的，而且正面情绪有所升高。此外，无论是正面报道还是负面报道，样本期内媒体对财富管理机构的情

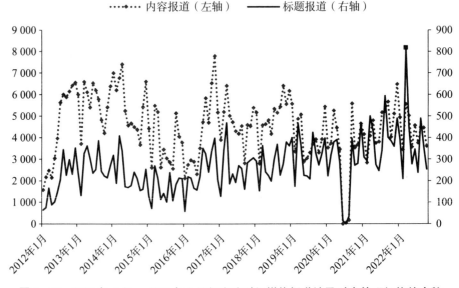

图4-20　2012 年 1 月—2022 年 1 月间主流财经媒体报道涉及财富管理机构的次数

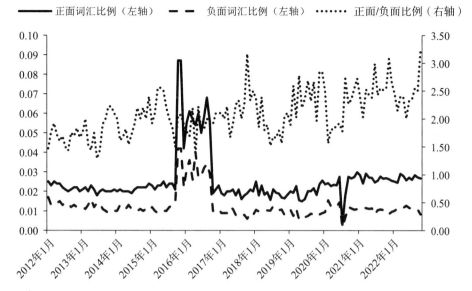

图 4-21 2012 年 1 月—2022 年 1 月间主流财经媒体对财富管理机构报道的情绪

绪波动比较大的阶段主要发生在 2015 年 10 月—2016 年 9 月、2020年 1 月—2022 年 1 月，分别对应着中国股票市场出现大幅下跌和新冠疫情冲击。

（二）指数构造与结果

在这一部分，指数构造的目标是衡量财富管理行业各机构的声誉状况，以及在过去若干年中媒体对行业内主要财富管理机构的报道的态度，并将此作为整个社会对财富管理机构的看法。这两个指数一个是横截面角度对备选金融机构的测度，另一个是时间序列角度对整个行业的测度。由于二者不具备可比性，因此，我们对其分别展示。

（1）基于问卷调查数据的指数。

我们首先对主要财富管理机构的社会声誉状况进行比较。按照如下公式，我们计算出每家机构的声誉指数，并对前二十名财富管理机构以图示方式进行展示。

$$\text{Index}_i^{X_t} = \frac{V_i^{X_t} - V_i^{\min(0)}}{V_i^{\max(0)} - V_i^{\min(0)}} \times 4 + 6$$

其中，$\mathrm{Index}_i^{X_t}$ 为 X 机构在第 t 年指标 i 的得分，$V_i^{X_t}$ 为机构 X 在第 t 年指标 i 的原始数据，$V_i^{\max(0)}$ 和 $V_i^{\min(0)}$ 分别为样本机构在基期指标 i 的最大及最小原始数据。

从图 4－22 可以看出，在所有类别的财富管理机构中，工商银行的社会声誉是最好的。银行、保险、信托、公募基金、证券类别中的多家机构进入前二十的行列。而第三方财富管理公司、私募基金类别中未有机构进入前二十的行列。

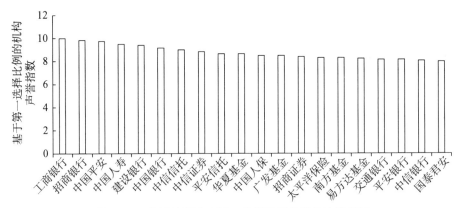

图 4－22　基于被调查者第一选择比例的机构声誉指数

为了检验指数构建的稳健性，我们进一步对被调查者的所有选项（而不仅仅是第一选项）进行加权，并在此基础上计算出样本内财富管理机构的声誉指数。这一结果见图 4－23。对比图 4－22 和图 4－23 可以看出，更换了计算方法之后，机构声誉指数并没有出现太大的变化。在第二种计算方法中排名前二十的机构名单大部分未发生变化。其他金融机构的排名基本上也都比较稳定。这从一定程度上证明了指数的稳健性。

（2）基于媒体报道数据的指数。

我们根据在 2022 年 11 月的问卷调查数据，对不同财富管理机构的社会声誉状况进行比较。然而，受问卷调查手段的限制，我们很难在当前获取人们对财富管理机构的历史评价。为此，我们根据主流财经媒体对财富管理机构的报道内容，测度媒体报道内容的正负面词汇占比的比值作为媒体情绪值，并将此作为历史上人们对财

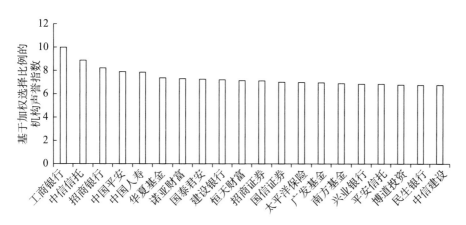

图 4 - 23　基于加权选择比例的机构声誉指数

富管理机构声誉的度量。给定某篇报道对某家财富管理机构的情绪值之后，我们对每一年内 16 家主流财经媒体对 67 家主要财富管理机构的情绪值进行简单线性加权，得到 2012—2022 年间媒体对财富管理机构的情绪指数，如图 4 - 24 所示。

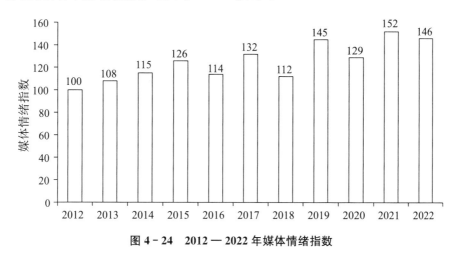

图 4 - 24　2012 — 2022 年媒体情绪指数

从该指数可以看出，2012—2022 年期间，16 家主流财经媒体对 67 家大型财富管理机构的报道内容中，媒体情绪指数波动性上升。2016 年、2018 年股票市场出现了大幅波动。随着股票市场逐渐平稳，媒体情绪指数在 2019 年达到阶段性峰值。2020 年新冠疫情席卷全球，媒体情绪指数在 2020 年大幅度降低。随着疫情在国内逐渐得到控制，媒体情绪指数在 2021 年大幅度提升并超过 2019 年达到新的峰值。受疫情反复的影响，媒体情绪指数在 2022 年略有下降。媒体情绪指数反映出媒体对财富管理机构的看法整体上是呈正面的，并与股票市场的波动、外部经济环境及突发性事件相关。从媒体角度看，除 2016 年受股票市场波动及 2020 年疫情冲击的影响外，财富管理机构的声誉状况在持续改善。

五、中国财富管理人才队伍指数

随着中国财富管理行业的发展，居民可投资资产规模快速增长，高净值人群不断扩大。中国居民家庭的财富管理需求也开始从简单的大众理财向更为多元化的资产配置工具以及更加丰富的投资组合管理转变。人们的投资理念逐渐成熟，投资个性化需求逐渐增多，单一产品销售的服务模式越来越难以适应中国财富管理行业快速发展的需求。财富管理机构面临着转型和升级的压力。而要实现这一目标，一方面需要这些机构能够为客户提供丰富的金融产品组合；另一方面则需要它们从产品销售导向的业务模式向客户需求导向的业务模式转变，根据客户不同的需求，提出有针对性的财富管理方案。从产品角度看，财富管理机构要有能力为客户提供包括信托、证券、基金、保险、外汇等的风险等级不同的复杂金融产品。从服务角度看，市场越来越强调财富管理机构提供综合化解决方案的能力。也就是说，财富管理机构应在基础性金融产品的基础上，根据客户的不同需求，提供相关的信托计划、财务规划、养老安全、遗产规划等顾问式服务。

对于财富管理机构而言，无论是市场需求的升级还是业务模式的转型，都离不开人才队伍能力的提升。财富管理行业的从业者要从简单的产品销售人员向基于客户风险偏好和个性需求、综合考量各类金融产品风险收益特征、最终提供一套完整的资产配置方案的复合型人才转化。从这个意义上讲，财富管理机构人才队伍的水平决定了机构的整体水平，而全行业专业人才队伍的质量则决定了中国财富管理行业发展的水平。财富管理专业人才的争夺将会成为未来中国财富管理行业竞争的核心。

出于上述考虑，我们在本章最后一个部分对中国财富管理行业人才队伍的发展状况进行测度，希望能够根据行业专业人才队伍的发展情况对行业整体发展水平做出评判。

（一）指标选取与数据描述

作为金融行业的一个重要分支，财富管理行业专业人才队伍的水平首先与金融行业从业者的整体发展水平是密不可分的。行业内接受过金融专业高等教育的从业人员数量、拥有高级经济师等高级职称的人员数量，以及证券从业资格、基金从业资格、注册会计师（CPA）、注册金融分析师（CFA）等金融从业资格持证人数量都能从一定程度上反映行业专业技术人员的水平和素质。然而，具体到财富管理这一子行业来说，市场通常比较认可的专职从业人员则是由国际金融理财标准委员会认证的中国 CFP 系列持证人。该协会的前身是 1969 年由美国金融咨询业的一些专业人士创立的全球第一个金融理财专业协会——国际金融理财协会（IAFP）。1985 年，美国金融理财学院（College for Financial Planning）和 CFP 协会（ICFP）共同设立了国际 CFP 标准和实践委员会（IBCFP）。1994 年，IBCFP 更名为美国 CFP 标准委员会（CFP Board of Standards）。1990 年左右，国际金融理财标准委员会开始了其国际化的进程。它陆续与加拿大、澳大利亚、日本等国家签署了 CFP™合作协议，允许当地授权组织参照美国 CFP 标准委员会的模式，向那些在教育、考试、从业经验和职业道德等方面达到协会要求的金融理财师颁发金融理财师（AFP）、国际金融理财师（CFP）、金融理财管理师（EFP）和私人银行家（CPB）等四类 CFP™资格证书。按照国际金融理财标准委员会提供的数据，截至 2021 年 12 月底，全球获得 CFP 认证的专业人士达 20.33 万人，比 1999 年的 5.25 万人增加近 2.9 倍，年增长幅度约为 6.35%（见图 4-25）。

2004 年 9 月，在刘鸿儒教授的主持下，中国金融教育发展基金

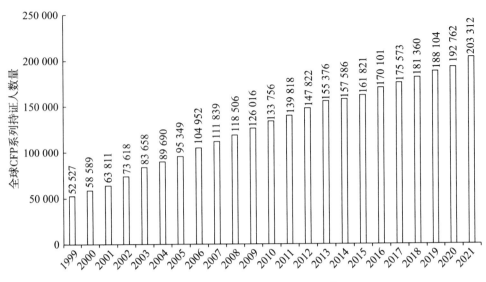

图 4-25　全球 CFP 系列持证人数量

会金融理财标准委员会（Financial Planning Standards Council of China，FPSCC）正式成立。这标志着中国财富管理行业与国际金融理财标准委员会的合作正式开始。该协会成立以来，为中国各大商业银行等财富管理机构培养了大量的金融理财专家。截至 2022 年 6 月 30 日，中国 CFP 系列有效持证人总数为 174 174 人，其中 AFP 有效持证人总数为 141 467 人，CFP 有效持证人总数为 27 645 人，EFP 有效持证人总数为 748 人，CPB 有效持证人总数为 4 314 人。图 4-26 给出了 2012 年 6 月—2022 年 6 月中国 CFP 系列持证人数量的变化趋势图。从该图可以看出，在过去十年间，中国 CFP 系列持证人总数整体呈现稳定增长态势。然而，从细分的持证人类别看，在 CFP 系列持证人总数中低端的 AFP 持证人的比例超过了 80%，高端的 CFP 持证人的比例虽然有所上升但是不到 15%，EFP 和 CPB 的持证人比例就更低了。这在一定程度上反映出中国财富管理行业高端人才的匮乏。

接下来，我们可以对不同省份的 CFP 系列持证人数量做一个简单对比。表 4-16 给出了 2014 年和 2018 年中国各省份 CFP 系列持证人数量。从该表可以看出，截至 2018 年 12 月 31 日，CFP 系列

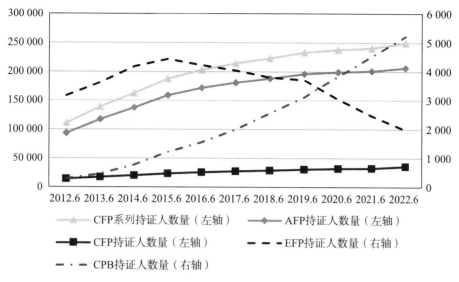

图4-26 2012年6月—2022年6月中国CFP系列持证人数量

注：由于2016年6月底中国CFP系列持证人数量缺失，我们用2016年3月底和2016年9月底CFP系列持证人数量均值作为该日期数值的近似替代。

持证人数量超过2 000人的省份有北京、广东、江苏、浙江、山东和上海六个省份。这一数据与上述区域的经济发展和金融发展水平基本相当。进一步，我们对2018年的数据与2014年数据进行对比可以发现，在这4年中，上述六个省份CFP系列持证人数量增幅最大的是山东省，达到71.15%，其次是北京市，而浙江的增幅则不到31%。由此，我们也可以看出在这4年中山东省财富管理人才队伍发展速度的提升。

表4-16 中国各省份CFP系列持证人数量

省份	2018年12月31日持证人数量	2014年7月14日持证人数量	增长幅度（%）
黑龙江	568	423	34.28
吉林	612	352	73.86
辽宁	1 023	703	45.52
内蒙古	395	187	111.23
北京	3 326	2 065	61.07
河北	1 022	690	48.12

续表

省份	2018年12月31日持证人数量	2014年7月14日持证人数量	增长幅度（%）
天津	537	304	76.64
山东	2 444	1 428	71.15
山西	809	381	112.34
新疆	221	206	7.28
甘肃	236	157	50.32
宁夏	110	70	57.14
陕西	735	369	99.19
河南	1 520	825	84.24
江苏	2 857	1 936	47.57
青海	72	49	46.94
西藏	37	23	60.87
安徽	573	358	60.06
上海	2 015	1 344	49.93
四川	861	522	64.94
重庆	560	322	73.91
湖北	943	693	36.08
云南	423	299	41.47
贵州	191	152	25.66
湖南	491	349	40.69
广西	352	258	36.43
江西	349	219	59.36
浙江	2 747	2 103	30.62
福建	850	620	37.10
广东	3 165	2 059	53.72
海南	147	122	20.49

（二）指数构造与结果

人才队伍指数主要提供中国财富管理行业人才队伍在时间序列维度变化情况的测度。我们以2012年6月为基期，以该期全国范围内获得各类 CFP 资格证书的人员总量为基准，对 2012—2022 年相关数值进行指数化处理，得到 2012—2022 年间 CFP 系列持证人总量的指数化结果，具体如图 4-27 所示。

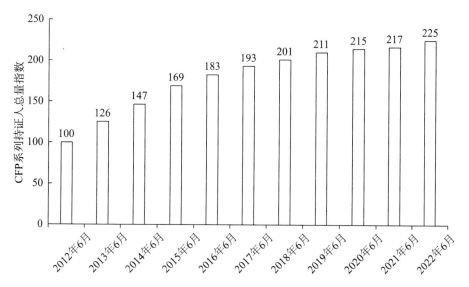

图 4-27　2012—2022 年间中国 CFP 系列持证人总量指数

CFP 系列持证人在水平上存在一定的差异。一般而言，AFP 属于 CFP 系列持证人的基础；CFP 在能力和水平上要明显高于 AFP；而 EFP 和 CPB 则又高出一个台阶。为了体现 CFP 系列持证人中水平的差异，我们对各类持证人赋予了不同的权重。从 AFP 到 CPB 依次取值为 1/16、3/16、5/16、7/16，然后得到了 CFP 系列持证人总量加权指数，具体见图 4-28。

比较图 4-27 和图 4-28 可以看出，由于各年份高端理财师人员数量变化不大，因此，即便我们给了 EFP 和 CPB 高得多的权重，最终得到的指数变化趋势也没有大的变化。这从一定程度上也反映出，虽然近年来中国财富管理行业的从业人员数量和素质都有了持续的增长，但是行业内高端人才的发展依然比较缓慢，高端人才匮乏的局面并没有得到根本性改变。

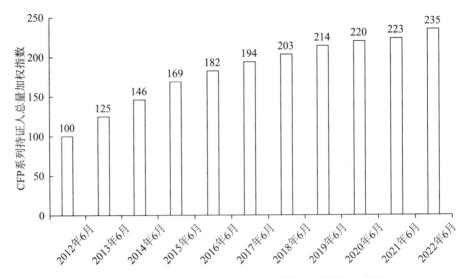

图 4 - 28　2012—2022 年间 CFP 系列持证人总量加权指数

附录一：电话问卷调查

您好！我们是中国人民大学财金学院课题组，受青岛市金融办委托进行国内财富管理现状相关调研，能占用您五分钟时间吗？

如果对方一定要问，直接告诉他们事实，也就是课题名称——青岛财富管理发展指数研究，目的就是评估不同城市财富管理发展水平，以便于政策决策。

一、直接记录

（1）性别：

　　1. 男

　　2. 女

（2）您的常住城市（无须读选项，根据系统信息和客户确认城市）：

　　1. 北京

　　2. 上海

　　3. 天津

　　4. 重庆

5. 深圳

6. 哈尔滨

7. 长春

8. 沈阳

9. 大连

10. 济南

11. 青岛

12. 南京

13. 杭州

14. 宁波

15. 厦门

16. 广州

17. 武汉

18. 西安

19. 成都

二、家庭财务情况

（1）您家目前是否购买了如下金融资产？（可多选）[如选 1～6 则跳答本部分第（3）题，如选 7 则续问本部分第（2）题。]

1. 股票

2. 基金

3. 商业银行或者其他金融机构发行的理财产品

4. 外汇

5. 债券

6. 保险

7. 没有

（2）您是否知道如下金融产品？（可多选）

1. 股票

2. 基金

3. 商业银行或者其他金融机构发行的理财产品

4. 外汇

5. 债券

6. 保险

7. 没有（终止）

（3）您家在本市是否有自有住房？（单选）

1. 是　　2. 否

三、理财认知

（1）您家的理财计划可以描述为以下哪种情形？（单选）

1. 非常明确　　2. 比较明确　　3. 一般　　4. 不太明确

5. 非常不明确　　6. 从来没有理财计划

（2）您认为如下金融机构中有哪些提供理财服务？（可多选）

1. 商业银行　　2. 证券公司　　3. 基金公司　　4. 保险公司

5. 信托公司　　6. 第三方财富管理公司

（3）您认为如下哪些国有商业银行的理财业务做得比较好？（可多选）（无提示，被访者主动回答，根据被访者回答的先后顺序排序；如被访者一个都想不起来，逐一读出选项进行提示，记录被访者的选择顺序；如提示后被访者还是不知道，可选"不知道"选项，"不知道"选项不读出。）

1. 工商银行　　2. 建设银行　　3. 中国银行　　4. 农业银行

5. 交通银行　　6. 不知道

（4）您认为如下哪些股份制商业银行的理财业务做得比较好？（可多选）（无提示，被访者主动回答，根据被访者回答的先后顺序排序；如被访者一个都想不起来，逐一读出选项进行提示，记录被访者的选择顺序；如提示后被访者还是不知道，可选"不知道"选项，"不知道"选项不读出。）

1. 兴业银行　　2. 招商银行　　3. 民生银行　　4. 平安银行

5. 浦发银行　　6. 中信银行　　7. 华夏银行　　8. 光大银行

9. 广发银行　　10. 其他　　11. 不知道

（5）您认为如下哪些信托公司的理财业务做得比较好？（可多选）（无提示，被访者主动回答，根据被访者回答的先后顺序排序；如被访者一个都想不起来，逐一读出选项进行提示，记录被访者的选择顺序；如提示后被访者还是不知道，可选"不知道"选项，"不知道"选项不读出。）

1. 中信信托　　2. 中融信托　　3. 华润信托　　4. 平安信托

5. 兴业信托　　6. 重庆信托　　7. 中诚信托

8. 江苏信托　　9. 其他　　　10. 不知道

（6）您认为如下哪些第三方财富管理公司的理财业务做得比较好？（可多选）（无提示，被访者主动回答，根据被访者回答的先后顺序排序；如被访者一个都想不起来，逐一读出选项进行提示，记录被访者的选择顺序；如提示后被访者还是不知道，可选"不知道"选项，"不知道"选项不读出。）

1. 诺亚财富　　2. 好买财富　　3. 恒天财富　　4. 格上理财

5. 宜信财富　　6. 高晟财富　　7. 大唐财富　　8. 海银财富

9. 新湖财富　　10. 其他　　　11. 不知道

（7）您认为如下哪些保险公司的理财业务做得比较好？（可多选）（无提示，被访者主动回答，根据被访者回答的先后顺序排序；如被访者一个都想不起来，逐一读出选项进行提示，记录被访者的选择顺序；如提示后被访者还是不知道，可选"不知道"选项，"不知道"选项不读出。）

1. 中国人寿　2. 中国平安　3. 太平洋保险　4. 中国人保

5. 中国太平　6. 安邦保险　7. 新华保险　　8. 泰康保险

9. 阳光保险　10. 其他　　11. 不知道

（8）您认为如下哪些证券公司的资产管理业务做得比较好？（可多选）（无提示，被访者主动回答，根据被访者回答的先后顺序排序；如被访者一个都想不起来，逐一读出选项进行提示，记录被访者的选择顺序；如提示后被访者还是不知道，可选"不知道"选项，"不知道"选项不读出。）

1. 中信证券　　2. 海通证券　　3. 国泰君安　　4. 华泰证券

5. 银河证券　　6. 中信建投　　7. 招商证券　　8. 国信证券

9. 申万宏源　　10. 其他　　　11. 不知道

（9）您认为如下哪些公募基金公司的资产管理业务做得比较

好？（可多选）（无提示，被访者主动回答，根据被访者回答的先后顺序排序；如被访者一个都想不起来，逐一读出选项进行提示，记录被访者的选择顺序；如提示后被访者还是不知道，可选"不知道"选项，"不知道"选项不读出。）

1. 华夏基金　2. 嘉实基金　3. 博时基金　4. 易方达基金

5. 南方基金　6. 广发基金　7. 工银瑞信　8. 上投摩根基金

9. 大成基金　10. 其他　　11. 不知道

（10）您认为如下哪些私募基金公司的资产管理业务做得比较好？（可多选）（无提示，被访者主动回答，根据被访者回答的先后顺序排序；如被访者一个都想不起来，逐一读出选项进行提示，记录被访者的选择顺序；如提示后被访者还是不知道，可选"不知道"选项，"不知道"选项不读出。）

1. 赤子之心资本　2. 重阳投资　3. 千合资本　4. 淡水泉

5. 星石投资　　　6. 博道投资　7. 混沌道然资产

8. 朱雀投资　　　9. 展博资产　10. 其他　　11. 不知道

四、背景信息

（1）您的年龄：

1. 18 岁以下

2. 18～25 岁

3. 26～30 岁

4. 31～35 岁

5. 36～40 岁

6. 41～45 岁

7. 46～50 岁

8. 51～65 岁

9. 65 岁以上（不包含 65 岁）

10. 拒访（不读出）

（2）您的婚姻状况：

1. 未婚

2. 有配偶

3. 离婚

4. 丧偶

5. 其他

6. 拒访（不读出）

（3）您家一共有_____口人（可填拒访）。

（4）您的教育程度：

1. 初中及以下

2. 高中和中专

3. 大学专科

4. 大学本科

5. 研究生

6. 拒访（不读出）

（5）您的职业：

1. 公务员

2. 事业单位

3. 企业员工

4. 私营企业主

5. 务农

6. 军人

7. 其他

8. 拒访（不读出）

（6）您的民族或国籍：

1. 汉族

2. 少数民族

3. 外籍人

4. 入籍

5. 拒访（不读出）

（7）您的政治面貌：

1. 中共党员

2. 民主党派成员

3. 共青团员

4. 无党派人士

5. 拒访（不读出）

附录二：完整的财富管理机构声誉值

附表 1　财富管理机构声誉值

机构名称	基于第一选择比例的机构声誉指数	基于加权选择比例的机构声誉指数
工商银行	10.00	10.00
建设银行	9.40	7.20
中国银行	9.15	6.54
农业银行	7.87	6.47
交通银行	8.13	6.28
兴业银行	6.94	6.85
招商银行	9.83	8.22
民生银行	6.85	6.75
平安银行	8.13	6.67
浦发银行	7.19	6.50
中信银行	8.04	6.43
华夏银行	6.85	6.21
光大银行	7.11	6.26
广发银行	7.02	6.45
中信信托	8.98	8.88
中融信托	6.43	6.74
华润信托	6.43	6.41
平安信托	8.64	6.83
兴业信托	7.02	6.19
重庆信托	6.00	6.00
中诚信托	6.60	6.22
江苏信托	6.09	6.11
诺亚财富	6.85	7.30

机构名称	基于第一选择比例的机构声誉指数	基于加权选择比例的机构声誉指数
好买财富	6.26	6.66
恒天财富	7.36	7.13
格上理财	6.17	6.23
宜信财富	7.28	6.69
高晟财富	6.68	6.22
大唐财富	7.11	6.36
海银财富	6.94	6.14
新湖财富	6.09	6.19
中国人寿	9.49	7.86
中国平安	9.74	7.91
太平洋保险	8.30	6.99
中国人保	8.47	6.54
中国太平	7.28	6.24
安邦保险	6.26	6.15
新华保险	6.60	6.19
泰康保险	7.70	6.28
阳光保险	7.02	6.30
中信证券	8.81	6.51
海通证券	6.77	6.03
国泰君安	7.96	7.24
华泰证券	7.79	6.52
银河证券	7.11	6.67
中信建投	7.53	6.74
招商证券	8.38	7.11
国信证券	7.28	6.99
申万宏源	6.26	6.47
华夏基金	8.64	7.36
嘉实基金	7.87	6.63
博时基金	7.36	6.65

续表

机构名称	基于第一选择比例的机构声誉指数	基于加权选择比例的机构声誉指数
易方达基金	8.21	6.70
南方基金	8.30	6.89
广发基金	8.47	6.95
工银瑞信	7.53	6.53
上投摩根基金	6.34	6.42
大成基金	6.68	6.25
赤子之心资本	6.26	6.62
重阳投资	6.85	6.72
千合资本	7.02	6.59
淡水泉	6.34	6.30
星石投资	7.02	6.72
博道投资	7.11	6.78
混沌道然资产	6.09	6.43
朱雀投资	6.43	6.58
展博资产	6.77	6.51

第五章

区域财富管理指数

　　财富管理简单来说是指金融机构为其客户提供的金融综合服务，包括资产配置、投资顾问等。投资者为实现其财富的保值增值，对财富管理的需求日益上升。我国的财富管理行业起步较晚，不同地区的发展也具有不平衡、不全面的特点。为了更加深入地了解各地区财富管理发展的现状，分析不同地区财富管理发展的优势和短板，有必要编制一套能够综合反映地区财富管理发展状况的指数体系，以跟踪财富管理发展动态，进一步为财富管理实践提供指导和参考。具体来说，编制区域财富管理指数的出发点主要有四个：（1）反映地区财富管理的发展环境，也就是当地社会经济环境总体状况，更具体而言即经济体系的市场化程度；（2）反映地区金融业发展尤其是财富管理行业政策支持状况及环境，包括理财师的供给；（3）反映地区财富管理需求状况；（4）反映地区财富管理行业规模。我们由此构建六个方面的指数，首先从不同渠道获取各个分项指标的基础数据，以正指标无量纲化法对其进行标准化处理，之后简单平均得到六个方面指数和总指数。简单平均要求排名靠前的城市不仅在各个单项上表现较好，而且不能有明显的弱点。它反映财富管理中心全方位发展的要求。

　　作为讲述财富管理发展指数指标体系的一部分，本章的结构安排如下：第一节为指标体系构建，主要包括指标选取原则及权重确定；第二节为数据描述；第三节为指标权重及计算方法；第四节为数据来源；第五节为结果展示；第六节为结果分析。

一、指标体系构建

根据指数编制的出发点，本章所选指标在保证数据可获得性和真实性的基础上，尽可能全面地反映地区金融业尤其是财富管理行业的发展状况。区别于一般商业机构的行业发展分析，我们更加侧重于从宏观角度了解和跟踪行业发展状况，所以相应指标以省市级层面为主。同时为保证横向的可比性，同一指标的各地区数据均采用相同的时间基期。

具体而言，区域财富管理指数由六个方面的指数构成，每个指数反映地区经济金融发展的一个方面，分别为：

（1）地区经济市场化程度；

（2）地区金融发展政策支持程度；

（3）地区金融规划重视程度；

（4）地区财富管理需求；

（5）地区财富管理规模；

（6）地区理财师数量。

每一个方面指数均包含多个分项指标，从不同角度对方面指数加以补充和完善。多层次、多维度指标体系的建立主要有以下几个方面的考虑：

首先，由于每一个方面指数实际上源于一类数据，所以在很大程度上只能反映该地区一个方面的信息，若仅仅设置方面指数，很容易造成信息遗漏或者偏差。在方面指数下设置分项指标并由分项指标综合提取方面指数可以综合多方面信息对方面指数加以度量，提高方面指数的精确度，也尽可能地避免可能的偏误。

其次，所有指标均可客观度量，个别指标数据缺失则以平滑预测替代，尽量避免主观判断，数据均来自权威统计机构或各地政府网站。对原始数据加以标准化处理后进行统计分析，尽可能综合保证数据的可靠度和指数构造中数据的适用性。

下面对区域财富管理指数中六个方面指数的构成及指数数据源加以说明。

（一）地区经济市场化程度

自 1978 年中国开始改革开放以来，我国经济体制经历了多方面的改革，实现了从传统的计划经济体制转向了社会主义市场经济体制。市场化改革极大地焕发了经济活力，加速了经济增长，居民收入大幅提高，福利大为改善。不可否认，市场化改革在一定程度上创造了中国的经济增长奇迹。但我们仍然清醒地认识到，我国的市场化改革并未完成。2020 党的十九届五中全会通过的《中共中央关于制定国民经济和社会发展第十四个五年规划和二〇三五年远景目标的建议》提出，要"全面深化改革，构建高水平社会主义市场经济体制"。因此，进一步推进市场化改革、改善资源配置、提高经济效率从而构建高水平社会主义市场经济体制是中国经济当前面临的重要任务。本章旨在测算区域财富管理指数，通过对不同地区经济市场化改革的总体情况和不同方面的进展情况进行比较，考察不同地区财富管理的发展环境，为区域财富管理指数的编制提供有力的支持。

地区经济市场化程度方面指数共由 5 个一级指标构成，分别反映市场化的某个特定方面。它们是：政府与市场关系、非国有经济的发展、产品市场发育程度、金融业市场化程度、市场中介组织的发展。为了全面反映市场化各个方面的情况，每个一级指标都由若干二级分项指标构成，通过对分项指标的分析，可以找出薄弱环节和制约因素，评价不同方面、不同地区的得失，综合了解各地区经济发展状况以及市场化情况，为考察财富管理行业提供更全面的资料。

1. 政府与市场关系

市场化程度可用来衡量地区经济环境，较高的市场化程度既是地区经济发展和政府推进改革的体现，同时又为经济的深化发展尤其是金融业的发展提供环境条件。我们主要采用《中国分省份市场化指数报告（2021）》（以下简称樊纲指数）作为地区经济市场化程度的数据源，综合考虑数据的可获得性以及区域财富管理指数的侧重点，对其中部分分项指标做了调整。调整后该指标共由 3 个二级分项指标构成，分别为市场分配经济资源比重、政府对企业的干预和政府规模。现对各分项指标介绍如下：

（1）市场分配经济资源比重。

我们参考樊纲指数中的数据选取方法，以各地政府支出占当地GDP 的比重作为政府配置资源程度的代理变量，这一比重的余项（1－这一比重）可作为市场配置资源程度的代理变量。樊纲指数中各地政府支出包含一般公共预算支出和由政府性基金形成的支出，考虑到政府性基金数据缺失，我们选择地方公共财政支出作为衡量各地政府支出的替代变量，虽然可能会遗漏部分信息，但在各地数据标准化之后仍然能够在一定程度上反映政府分配经济资源的程度。

严格从理论上讲，政府支出占与市场化程度之间并非简单的线性关系，也并非在所有经济状况下，较高的政府支出就意味着较低的市场配置资源的能力。但在目前我国仍未完全实现市场化的背景下，对比不同地区政府支出占比的相对高低仍然可以在一定程度上反映区域经济的市场化水平。

（2）政府对企业的干预。

在市场经济条件下，廉洁、高效、透明的政府是市场正常运转的必要条件。政府的行政审批手续方便简捷，可以有效减少政府工作人员滥用职权向企业和居民寻租，减轻企业的额外负担，净化市场环境，便利企业经营。政府行政审批手续越简单快捷，企业经营中所承担的额外负担就越轻，市场化环境就越通畅。樊纲指数中通过调查问卷的形式得到企业与政府部门交流所用时间以及行政审批手续方便简捷程度两方面的信息以提取地区得分。由于数据难以获取，我们使用樊纲指数基础指标 2016—2019 年数据进行平滑预测，得到 2021 年水平值加以替代。

（3）政府规模。

地方政府规模的过度膨胀会在一定程度上增加社会负担，政府人员过多、机构膨胀不但会降低政府管理效率，而且会在一定程度上拖慢市场经济的发展速度。我们采用公共管理和社会组织就业人数占当地总人口数量的比例来衡量政府的相对规模。应该说明，从成本与收益的角度来考虑，政府规模应该也具有一个最优的水平，一定规模的政府是必要的，但随着政府规模扩大，它带来的效益超过维持政府规模的成本时，就会导致对正常市场活动的不良影响。因此较小的政府相对规模在一定意义上反映较高的市场化程度。

2.非国有经济的发展

在政府主导的经济体制下，国有经济是国民经济的主要代表，而随着市场化改革的推进，非国有经济部门对我国经济发展的贡献日益提升。所以衡量不同地区非国有经济的发展状况也是反映地区经济市场化水平的方法之一。具体而言，通过非国有经济在工业中所占比重和非国有经济就业人数占比这两个二级分项指标实现。

（1）非国有经济在工业中所占比重。

市场化改革的一个重要成果就是非国有经济的快速发展。在计划经济体制下，非国有企业在工业企业销售收入中占比很低。随着市场化改革的深化，非国有企业经济总量大幅增加。因此，通过计算非国有经济在工业中所占比重可以衡量市场化改革的效果，反映非国有经济的发展水平。具体来说，我们采用以下公式作为非国有经济在工业中所占比重的代理指标：

$$\frac{\text{非国有经济在}}{\text{工业中所占比重}}=1-\frac{\text{国有及国有控股企业产品销售收入}}{\text{工业企业产品销售收入}}$$

与前述指标中关于指标和市场化关系的所述类似，此指标与市场化程度之间也非简单线性关系，但在目前的情况下，我们假定较高的非国有经济占比意味着较高的市场化水平。

（2）非国有经济就业人数占比。

我们采用"非国有经济就业人数占比"指标是为了对"非国有经济在工业中所占比重"指标做一个有益的补充。非国有经济在工业中所占比重只反映了非国有经济在工业方面的成果，而非国有经济就业人数占比可以从劳动力这一生产要素的角度来衡量各部门非国有经济的发展状况，而不仅仅局限于工业部门。具体而言，我们采用以下公式作为非国有经济就业人数占比的代理指标：

$$\begin{matrix} 非国有经济 \\ 就业人数占比 \end{matrix} = 1 - \frac{城镇国有单位就业人数}{城镇就业总人数}$$

由于数据存在部分缺失，我们用樊纲指数中的分项指标平滑预测得到2021年数据。与樊纲指数相比，我们此处删去非国有经济在全社会固定资产投资中所占比例这一指标，原因是这一分项指标数据误差较大，使用意义不大。

3. 产品市场发育程度

产品市场发育程度主要反映地区产品市场的市场化程度，主要由两个二级分项指标构成，分别为市场价格决定程度和商品市场上的地方保护，这两个分项指标的数据均来自《中国分省份市场化报告指数》。具体而言，在《中国分省份市场化报告指数》中，市场价格决定程度这一分项指标是根据《中国物价年鉴》提供的各省份农副产品收购总额、生产资料销售总额和社会消费品零售总额中市场定价部分的比例（即扣除实行政府定价和政府指导价的部分后的比例）计算的，并近似估算了上述三类产品在社会总产品中的比例，采用不同权重，合成了市场定价比重，以此反映各地价格由市场决定的程度。而商品市场上的地方保护这一分项指标使用各地抽样调查样本企业在全国各省份销售产品或从事其他经营活动时遇到地方保护或行政性限制措施的陈述件数占总体陈述件数之比来衡量各省份的地方保护情况。为了消除各地经济规模大小不同对陈述件数带来的影响，作者用相应省份的经济规模（用GDP表示）对该比值进行了调整，使之在不同省份间具有可比性。该比值越小，说明地方保护越少，因此评分越高。

（1）市场价格决定程度。

党的十八届三中全会提出，要"使市场在资源配置中起决定性作用"。所谓"决定性作用"，是指市场在所有社会生产领域的资源配置中处于主体地位，对于生产、流通、消费等各环节的商品价格拥有直接决定权。市场决定资源配置的机制主要包括价格机制、供求机制、竞争机制以及激励和约束机制。其作用主要体现在：以利润为导向引导生产要素的流向，以竞争为手段决定商品价格，以价格为杠杆调节供求关系，使社会总供给和总需求达到总体平衡，生产要素的价格、生产要素的投向、产品消费、利润实现、利益分配主要依靠市场交换来完成。因此，市场价格决定程度直接反映了价格机制是否完善，直接反映了产品市场的发育程度。具体而言，此处共有 3 个指标——社会零售商品中价格由市场决定的部分占比、生产资料中价格由市场决定的部分占比以及农产品中价格由市场决定的部分占比，我们使用樊纲指数基础指标 2016—2019 年数据进行平滑预测，得到 2021 年水平值加以替代。

（2）商品市场上的地方保护。

商品市场上的地方保护是计划经济向市场经济过渡的产物，早在 1980 年 10 月，国务院就发布了《关于开展和保护社会主义竞争的暂行规定》，首次提出了反行政垄断和打破地方保护主义的任务。在现实经济运行中，商品市场上的地方保护表现形式多种多样，各地政府可能会通过对外来企业设置相关障碍达到保护本地企业的目的。应当说明，这一行为在短期内或许会促进地方经济的发展，改善投资环境，但从长期来看，无疑会降低资源配置效率，阻碍经济的市场化进程。樊纲指数中这一指标的数据源为企业调查，本报告引用樊纲指数的数据，并采用平滑预测方法得到 2021 年的得分。

4. 金融业市场化程度

综合考虑数据可获得性及可靠度以及本报告研究重点，我们将樊纲指数本部分的人力资源供应条件和技术成果市场化两个分项指标去掉，用金融业市场化竞争和信贷资金分配社会化这两项指标来衡量地区金融领域市场化程度。

（1）金融业市场化竞争。

在樊纲指数中，金融业市场化竞争指标用大型国有银行以外的其他金融机构（这里简称非国有金融机构，但实际上也包括较小的国有银行）在全部金融机构存款中所占份额来衡量金融业的竞争程度，因为非国有金融机构的比例越低，说明行业的集中度或垄断程度越高，这会减弱市场竞争的程度。具体来说，我们采用以下公式作为金融业市场化竞争的代理指标：

$$\frac{\text{金融业}}{\text{市场化竞争}} = 1 - \frac{\text{各地大型商业银行及}}{\text{政策性银行机构数（营业网点）}}{\text{金融机构总数（营业网点）}}$$

这一比例越高，意味着市场集中度越低，市场竞争程度也越高。

（2）信贷资金分配市场化。

尽管政府取消了对银行贷款规模的直接控制，但政府对银行贷款的窗口指导依然对信贷资金的分配具有强大的影响。市场因素在信贷资金分配中的作用可以反映金融业的市场化水平。在樊纲指数中，信贷资金分配市场化指标用信贷资金贷给非国有企业的比例衡量信贷资金分配的市场化，这是因为长期以来信贷资金分配给国有企业的比例始终显著高于国有企业占全社会产出的比例，说明信贷资金的分配偏向于国有企业，而并非完全按市场竞争的原则进行分配。因此非国有企业贷款比例上升，说明市场竞争机制在发生改善。金融机构贷款越是集中于国有企业，意味着不公平竞争的情况越显著，市场化程度越低。我们以金融机构非国有贷款比重作为代理变量，基础数据用樊纲指数相关指标平滑预测得到。

5. 市场中介组织的发展

市场中介组织是市场经济体制的有机组成部分。改革开放以后，随着我国从高度集中的计划经济体制向社会主义市场经济体制转变，各种市场中介组织开始出现，并随着我国经济体制改革的不断深化而逐渐发展壮大。市场中介组织的职能主要表现为：为政府职能转变提供条件、提高市场运行效率、节约交易成本、优化资源配置。因此，市场中介组织的发展是经济市场化发展进程中非常重要的部分，借鉴樊纲指数，我们设置两个分项指标，分别为行业协会对企业的帮助程度和维护市场法治环境。

（1）行业协会对企业的帮助程度。

2021年该指标数据源自对樊纲指数2016—2019年数据的平滑

预测。

（2）维护市场法治环境。

樊纲指数以企业调查中各地企业对当地司法机关和行政机关公正执法和执法效率的评价来衡量这一指标，我们在此基础上预测得到 2021 年数据。

（二）地区金融发展政策支持程度

随着我国金融市场规模的扩大，我国金融业的综合竞争力和影响力日益增强。但是我国金融业在组织体系、创新能力、行业规范等方面与发达国家相比仍然存在一定的差距。金融业的国际发展经验表明，地区金融业发展非常重要的一环就是地区政府的足够重视。地区政府的政策支持可以促进地区资源聚集，实现引进人才和资源的功能，有助于树立新理念、设计新制度、创造新环境。因此，如果政府机构意识到当前阶段下金融业在促进地方发展中的重要作用，并且付诸行动，出台一系列与金融相关或者有利于金融发展的政策，那么就可以认为该地区金融发展具有较为良好的政策环境。虽然我们从主观上无法准确判断各地政府法规规章中对金融业的重视程度并加以横向对比，但通过统计各地政府部门在过去五年关于金融业的发文数量（作为地区政府金融业发展支持力度的代理变量）可以近似衡量；同时我们认为"财富管理"可以作为具体反映财富管理方向的分项关键词，所以也统计了标题含有该关键词的发文数量作为分项指标。

具体而言，我们选择了三个指标：地方金融办、金融工作局、金融服务办公室等印发的金融类规章制度数；地方人民政府印发的标题关于金融业的法规规章数；地方政府机构印发的标题含有"财富管理"关键词的法规规章数。

1. 地方金融办、金融工作局、金融服务办公室等印发的金融类规章制度数

我们设置这一指标的出发点是地方政府对发展金融业的重视程度可以由地方政府是否专门设置金融管理部门以及金融管理部门内

工作管理的活跃程度来衡量。为了统一统计口径，我们均以北大法宝数据库搜索文章数作为地方性法规规章统计基础。

2. 地方人民政府印发的标题关于金融业的法规规章数

考虑到有些地区可能没有专门设置类似金融工作局性质的管理机构，或者金融类法规规章均通过当地政府的渠道对外发布，我们通过统计政府印发的标题关于金融业的法规规章数作为代表地区金融业重视程度的另一指标。

3. 地方政府机构印发的标题含有"财富管理"关键词的法规规章数

本报告的出发点之一就是反映地区财富管理发展状况，所以我们单独将这一金融业细分项筛选出来作为指标构建项。此处"财富管理"是指地方政府机构（包括地方政府、金融工作局、金融服务办公室等）印发的标题支持和发展财富管理行业的法规数量。

上述指标 1 及指标 2 均可作为反映地区金融支持程度的宏观指标，而指标 3 则可作为反映地方政府对具有代表性金融领域的支持程度，从微观上对指标进行补充。为了避免数据统计上的主观性误判以及可能存在的信息遗漏，以上 3 个指标的基础数据均来自北大法宝的关键词搜索结果。虽然仅仅从发文数量上来判断政府支持及关注度略显偏颇，但综合考虑数据的可获得性，此指标仍然具有一定的参考意义。

（三）地区金融规划重视程度

以地区政府部门金融类法规发文数量来衡量政策支持程度具有一定的模糊性，而且在一定程度上是现状性指标，难以反映出地区金融业的未来发展状况，而在目前社会经济改革日益提速的背景下，仅仅了解当下已经出台的政策法规可能会有较大偏误。所以我们选择各地金融发展"十四五"规划中的相关关键词词频作为反映地区金融规划重视程度的代理指标，三个指标的关键词分别设置为"金融机构""金融人才"和"财富管理"。

1. 金融发展"十四五"规划中"金融机构"词频

这一指标统计地区金融发展"十四五"规划中"金融机构"关键

词出现的次数。我们认为，规划中关键词出现次数越多，在一定程度上意味着当地政府在未来五年内对关键词领域的支持力度会越大。

2. 金融发展"十四五"规划中"金融人才"词频

这一指标统计地区金融发展"十四五"规划中关键词"金融人才"出现的次数，以更为精确的方法得到地区未来吸引金融人才政策的力度。

3. 金融发展"十四五"规划中"财富管理"词频

这一指标统计各地区金融发展"十四五"规划中关键词"财富管理"出现的次数。

由于目前部分城市未发布金融业发展"十四五"规划，或者通过公开渠道仍然无法获取，所以部分城市数据以经济发展"十四五"规划中的关键词词频加以替代。

（四）地区财富管理需求

随着中国经济的快速发展，高净值人群不断增加。对于高净值人群来说，他们原来强烈渴望创造更多财富的需求，已经逐渐转变为既有财富的保值。地区财富管理需求方面指数的出发点是以各地区经济、金融及社会发展状况为基础，提炼和构建能够综合反映各地区财富管理需求的指标，其关键点有两个：一是当地财富管理市场规模的测算；二是地区居民对财富管理概念认知状况的估计。以西南财经大学中国家庭金融调查数据库为基础进行回归分析，我们最终选定4个二级分项指标用以构建地区财富管理市场指标；同时依据课题组问卷调查结果，选定3个二级分项指标构建地区财富管理认知指标。我们以地区财富管理市场指标和地区财富管理认知指标两个指标最终合成地区财富管理需求方面指数。

1. 地区财富管理市场指标

该指标主要测算地区财富管理现有市场规模，立足于当下，反映市场状况，主要由4个二级分项指标构成。

（1）存款总额。

一方面，地区存款总额在一定程度上可以反映地区财富水平；

另一方面，银行存款是最常见的理财方式。因此，地区存款总额与地区财富管理需求高度相关，一般来说，地区存款总额越大，家庭对财富管理的需求越强。

（2）股票交易额。

根据资产组合理论，家庭会根据其收益与风险等因素的不同，决定其资产持有形式，构建最适宜的资产组合。银行存款的利率相对来说较低，一般来说，家庭会持有一部分风险资产，以获得相对较高的资产期望收益率。因此，风险资产的交易额在很大程度上反映了地区的财富管理需求。由于缺少地区股票持有总额数据，我们以 2021 年当地股票交易总额作为代理变量，刻画地区股票财富拥有量，地区股票交易额越大，财富管理需求越强。由于缺少市级数据，该指标以省和直辖市数据来代替。

（3）债券交易额。

同股票交易额类似，我们以各地 2021 年债券交易额作为其债券财富的代理变量，地区债券交易额越大，财富管理需求越强。

（4）本科在读人口比例。

理论上讲，文化水平越高，家庭或个人对财富管理的认识和需求就会越大，我们以各地本科在读人口比例（省级数据）来衡量当地人口的普遍文化水平。

我们以家庭金融调查数据为基础回归计算得到各分项指标的权重，结合各地分项指标数据综合得到地区财富管理市场指标，具体测算方法见权重计算部分。

2. 地区财富管理认知指标

该指标主要估计各地区居民的财富管理参与度及认知度。立足于未来，我们认为地区居民对财富管理的认识越深入，其未来对业务的需求就越大。该指标主要由 3 个分项指标构成。

（1）财富管理参与度。

该指标由调查问卷中地区财富管理参与度人均得分得到。得分越低，当地居民曾经或现在办理财富管理业务的比例越低，对财富管理的认知程度也越低。

（2）财富管理认识度。

该指标由调查问卷中地区财富管理认识度人均得分得到。得分越低，当地居民对财富管理的了解度越低，未来办理相关业务的可能性越小。

（3）财富管理计划度。

该指标由调查问卷中财富管理计划数据整理得到。人均得分越低，当地居民的财富管理计划越模糊。

（五）地区财富管理规模

该方面指数衡量各地区现有财富管理规模，主要由 6 个分项指标构成。

1. 银行理财规模

由于目前公开数据缺少各地区的银行理财规模数据，我们以西南财经大学家庭金融调查数据中各地区户均银行理财规模为基础，对全国银行理财总规模进行分摊，计算公式为：

$$地区银行理财规模 = \frac{地区户均银行理财规模调查数据}{全国户均银行理财规模调查数据}$$
$$\times \frac{地区户数}{全国户数} \times 全国银行理财规模$$

其中，地区和全国的户均银行理财规模调查数据中《中国家庭金融调查（2019）》的数据整理得到，全国及各地区的户口数据和全国银行理财规模数据来源为 Wind 数据库。

2. 保险资管规模

现存的数据中并没有直接统计的各地区的保险资管规模数据。我国现有的保险理财产品主要分为万能险和投连险（由于分红险的保险功能大于投资功能，分红险并不被列为理财产品）。因此，可以通过统计各地区的万能险和投连险的总额作为当地的保险资管规模。

在 2010 年之前，万能险和投连险规模都直接被分别计入寿险类别下的万能险和投连险，算作保费收入。但是，万能险和投连险跟传统的保障型保险相比，更多地具有投资属性，资金风险较高，因此，2010年之后，保监会宣布对保险业保费收入的统计实施新的会计准则，万能险和投连险归属于投资型保险，其没有通过风险测试的投资收入部分将不再被计入保费收入。其中，被计入投资收入部分的万能险将被列入"保户投资款新增交费"，而投连险则按独立账户进行新增交费统计。投连险和万能险设立的投资账户除了可以做债券投资外，其投资股票二级市场的比例前者可以为100%，后者不能超过80%。投连险和万能险的利润来源为投资账户的投资收益。投连险的风险高于万能险，其中：投连险的投资收益与风险由保单持有人承担，而万能险的投资收益与风险由保险公司与客户共同承担，风险相对较小。万能险适合于需求弹性较大，风险承受能力较低，对保险希望以投资理财为主、保险为辅的投保人；投连险则适合于收入水平较高，希望以投资为主、保障为辅，并追求资金高收益同时又具有较高风险承受能力的激进型投保人。

万能险和投连险的数据来源为 Wind 数据库中保险业统计下的保户投资款新增交费和投连险独立账户新增交费。由于这个数据是按公司分类的，而按地区分类的万能险和投连险仅仅为通过风险测试的部分，占比较小，但是由于划入保费收入和划入投资账户的万能险和投连险的比例并无地区差异，因此可以通过下列公式计算19个目标地区的具有理财性质的万能险和投连险规模，并作为当地的保险资管规模统计指标。

$$\frac{地区计入投资账户}{的万能险和投连险} = \frac{全国计入投资账户的万能险和投连险}{全国计入保费收入的万能险和投连险}$$
$$\times \frac{地区计入保费}{收入的万能险和投连险}$$

3. 公募基金管理规模

对于公募基金管理规模，我们将通过按注册地划分区域的方法进行统计。具体方法是在 Wind 数据库中找到基金—专题统计—基金公司中的"基金公司规模变化"，通过按公募基金公司的注册地划分区域的方法，把同一地区的各个基金公司管理的基金净值总规模加总，就可以得到需要的各地区的公募基金管理规模总数。

4. 私募基金管理规模

在中国证券投资基金业协会出版的《中国证券投资基金业年报》中，我们可以看到 2020 年的各省、自治区及直辖市（不含港、澳、台）的按注册地地域划分的私募基金管理规模，对于 4 个直辖市，我们可以直接找到其以注册地为基础统计的私募基金管理规模，而对于其他 15 个副省级城市，我们只能得到其所在省份的规模数据，但是特定副省级城市的数据可以通过下式得到：

$$地区私募基金管理规模 = \frac{地区金融业\,GDP}{所在省份金融业\,GDP}$$
$$\times\,所在省份私募基金管理规模$$

5. 券商受托资金规模

对于券商受托资金地区性规模，我们将通过按注册地划分区域的方法进行统计。具体方法是在 Wind 数据库中找到券商资管大全中的"券商专项数据"，里面有 Wind 统计的"受托资金"一栏，通过按券商的注册地划分区域的方法，把同一地区的各个券商受托资金数据加总，就可以得到需要的各地区的券商受托资金规模总数。

6. 信托资产管理规模

信托资产管理规模的统计方法与券商资管规模类似，具体而言，在 Wind 数据库中找到信托公司规模中的"规模合计"一栏，通过按各个信托公司的注册地划分区域的办法，把同一地区的各个信托公司受托资金规模加总，就可以得到需要的各地区的信托资产管理规模总数。

（六）地区理财师数量

理财师，即理财规划师（financial planner），是可以为客户提供全面理财规划的专业人士。简单来说，理财师要根据客户的收入状况、投资偏好和对风险的承受能力等多种因素为客户选择合适的理财产品、制订合理的理财计划。我国财富管理行业起步较晚，发展不够成熟。在以往以产品为导向、以佣金为目标的考核模式下，

第五章　区域财富管理指数

理财师事实上是理财产品的推销员，卖出尽可能多的理财产品是他们的唯一目标。随着我国经济的发展，人们积累的财富越来越多，投资理财意识不断加强，对投资理财的需求不断增加，对理财师专业性的要求也越来越高。投资者对高质量财富管理的内生需求反向推动着金融机构和理财师的服务质量提升。在这样的趋势下，越来越多的理财师认识到提升专业能力的重要性，开始努力实现从产品销售到职业理财师的转变。因此，我们可以认为，不同地区理财规划师数量在一定程度上与其财富管理服务的质量和能力相关。地区理财师数量基数大，一方面有利于提高理财服务的供给质量，另一方面也会培育当地财富管理的未来需求，故该指标可以作为地区财富管理综合指数的重要补充。具体而言，我们选择 4 个分项指标构成该指标：金融理财师（associate financial planner，AFP）持证人数；国际金融理财师（certified financial planner，CFP）持证人数；金融理财管理师（executive financial planner，EFP）持证人数和私人银行家（certified private banker，CPB）持证人数。

二、数据描述

作为数据构建基础的 34 个指标是指数体系的基本数据源，我们对加权调整前的基础指标数据加以描述，可以更为直观地展现各地区在不同方面的具体表现。

（一）地区经济市场化程度

地区经济市场化程度方面指数共有 5 个一级分项指标，作为数据源的二级分项指标共有 11 个。其中反映政府与市场关系的有 3个，反映非国有经济的发展、产品市场发育程度、金融业市场化程度以及市场中介组织的发展的各有 2 个。

1. 政府与市场关系

从政府与市场关系分项指标的数据统计（见图 5-1）中可以看出，不同城市政府规模指标均低于 0.02，规模差别不大。政府分配经济资源比重为 10.70%～31.95%，可见不同城市政府分配经济资源比重具有一定的差异，其中沈阳、天津、上海等城市政府分配经济资源比重相对较大，济南、南京、成都等城市政府分配经济资源比重相对较小。考虑到财政支出数额一般较大，上述政府分配经济资源比重的差异说明，在不同的城市，政府与市场的关系具有明显的差异。此外，不同城市政府对企业的干预也具有显著差别，可以看到，长三角经济圈城市、西安、天津在"政府对企业的干预"指标上得分相对较高，政府对企业的干预相对较少，市场经济较为宽松；东北及西部城市得分相对较低，政府对企业的干预相对较多，市场经济环境需要改善；青岛、济南在 5.5 分左右，在所有样本城市中处于中游水平，未来仍有一定改善空间。

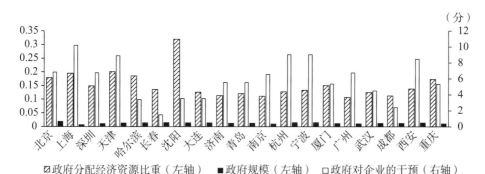

图 5-1　政府与市场关系指标数据

资料来源：Wind 数据库、樊纲指数及课题组整理。

2. 非国有经济的发展

分地区来看，"非国有经济在工业中所占比重"分项指标排在前七名的城市依次是南京、厦门、广州、深圳（与广州并列第三）、济南、青岛（与济南并列第五）、杭州、宁波（与杭州并列第七）。排在前七名的城市非国有经济在工业中所占比重差异不大，占比均在 85% 以上。"非国有经济就业人数占比"分项指标排在前五名的城市依次是广州、深圳（与广州并列第一）、上海、南京、重庆。如图 5-2 所示，长三角经济圈以及东南沿海城市在非国有经济的发展方面的两个分项指标中均表现强势；青岛市非国有经济在工业中所占比重较高，但非国有经济就业人数占比偏低，整体表现略低于第一梯队；东北非国有经济的发展仍相对落后。

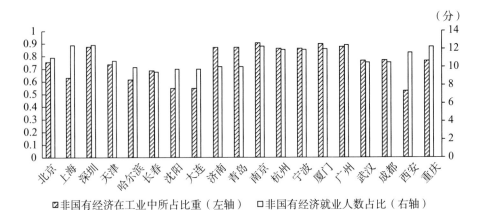

☒非国有经济在工业中所占比重（左轴）　□非国有经济就业人数占比（右轴）

图5-2　非国有经济的发展指标数据

资料来源：Wind数据库、樊纲指数及课题组整理。其中非国有经济就业人数占比的数据来源于樊纲指数，已转化为得分指数。

3. 产品市场发育程度

借鉴樊纲指数，产品市场发育程度主要由市场价格决定程度和商品市场上的地方保护两个基础指标构成。其中市场价格决定程度和商品市场上的地方保护指标得分更高，说明该地区市场化程度更高，产品市场发育更完善。具体来看，如图5-3所示，"市场价格决定程度"分项指标排在前四名的城市依次是厦门、济南、青岛（与济南并列第二）、北京，均在9.5分以上。"商品市场上的地方保护"分项指标排在前五名的城市依次是深圳、广州（与广州并列第一）、南京、成都、济南。长江经济圈城市在商品市场上的地方保护指标和市场价格决定程度指标上表现较差，综合来看，处于中游水平。北京在市场价格决定程度指标上表现较好，但在商品市场上的地方保护指标上表现较差，从以往的正数降至负值，这可能是因为受到了政治等方面的影响。青岛在商品市场上的地方保护和市场价格决定程度两个分项指标上均表现良好，其中市场价格决定程度指标以9.51分与济南并列第二。因此，综合来看，青岛在产品市场发育程度指标上表现优异。

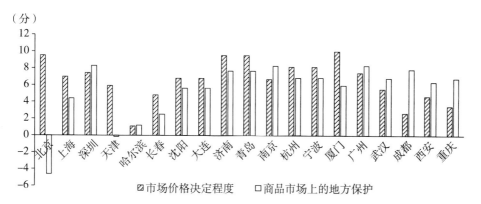

图 5-3　产品市场发育程度指标数据

资料来源：樊纲指数及课题组整理。

4. 金融业市场化程度

如图 5-4 所示，分地区来看，"金融业市场化竞争"分项指标排在前六名的城市依次是成都、西安、济南、青岛（与济南并列第三）、杭州、宁波（与杭州并列第五）。"信贷资金分配市场化"分项指标排在前五名的城市依次是杭州、宁波（与杭州并列第一）、深圳、广州（与深圳并列第三）、南京。整体来看，各城市在金融市场化竞争指标上表现较为接近，但在信贷资金分配市场化指标上有较大差距，其中长三角经济圈在信贷资金分配市场化指标上具有明显优势。西南部城市虽然金融市场化竞争指标得分较高，但信贷资金分配市场化指标得分较低，同样，北京也因较低的信贷资金分配市场化指标得分受到影响。

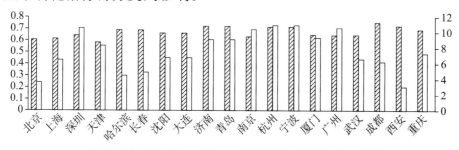

图 5-4　金融业市场化程度指标数据

资料来源：Wind 数据库、樊纲指数及课题组整理。

5. 市场中介组织的发展

如图 5-5 所示，分地区来看，"行业协会对企业的帮助程度"分项指标排在前五名的城市依次是上海、杭州、宁波（与杭州并列第二）、北京、哈尔滨。"维护市场法治环境"分项指标排在前五名的城市依次是南京、武汉、上海、北京、重庆。可见，杭州和宁波作为二线城市，市场中介组织发展较快，和一线城市形成了你追我赶的良好态势。青岛市"行业协会对企业的帮助程度"指标得分为8.4分，"维护市场法治环境"指标得分为 10.2 分，排名居中。整体来看，市场中介组织的发展指标中，一线及长江经济圈城市有明显优势。东北及西部、西南部城市市场中介组织发展水平较为接近，整体与第一梯队城市有较大差距。

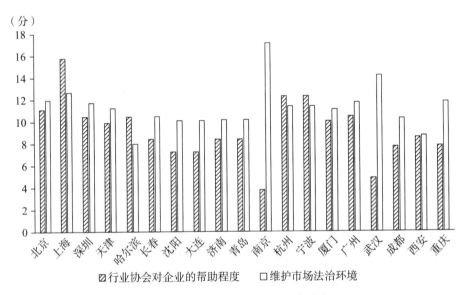

图 5-5　市场中介组织的发展指标数据

资料来源：樊纲指数及课题组整理。

（二）地区金融发展政策支持程度

地区金融发展政策支持程度方面指数共有 3 个分项指标。3 个分项指标均直接作为计算基础，分别反映地方金融管理部门印发金融类规章制度数、地方人民政府印发金融业法规规章数和地方政府机构印发标题含有"财富管理"关键词的法规规章数。

　　具体来看，如图 5－6 所示，"地方金融办、金融工作局、金融服务办公室等印发的金融类规章制度数"指标排在前面的五个城市依次是北京、广州、天津、上海、厦门。青岛排名第九，处于中游水平。"地方人民政府印发的标题关于金融业的法规规章数"指标排在前面的五个城市依次是厦门、重庆、深圳、广州、杭州。值得注意的是，所有样本城市中，只有青岛发布了以"财富管理"为标题的金融文件。可见财富管理行业已经成为青岛建设的战略重点之一。东北城市金融类发文指标总体均相对落后，且与其余城市差距较大。

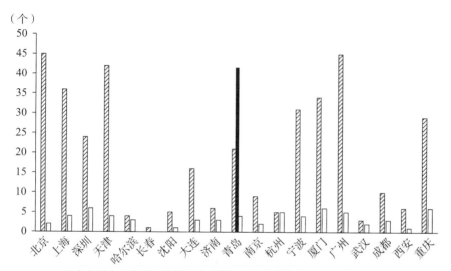

（个）

图 5－6　地区金融发展政策支持程度指标数据

资料来源：北大法宝数据库及课题组整理。

（三）地区金融规划重视程度

　　地区金融规划重视程度方面指数共有 3 个分项指标。3 个分项指标均直接作为计算基础，分别反映地方金融发展"十四五"规划中对金融机构、金融人才和财富管理的重视程度。

　　由图 5－7 可见，金融发展"十四五"规划中"金融机构"词频排在前面的五个城市依次是广州、济南、重庆、北京、成都（与北京并列第四）。其中，广州的金融发展"十四五"规划中"金融机构"词频远超其他城市，高达208，表明了当地政府坚决支持金融机构发展的决心。金融发展"十四五"规划中"金融人才"词频排在前面的五个城市依次是广州、上海、重庆、济南、深圳（与济南并列第四），这在一定程度上表明了以上城市积极引进金融人才的发展战略。金融发展"十四五"规划中"财富管理"词频排名前五的城市依次是深圳、青岛、北京、成都、广州。其中，深圳的金融发展"十四五"规划中"财富管理"词频为36，青岛的金融发展"十四五"规划中"财富管理"词频为33。整理来看，广州的综合表现较优，三类词频均位于前五。

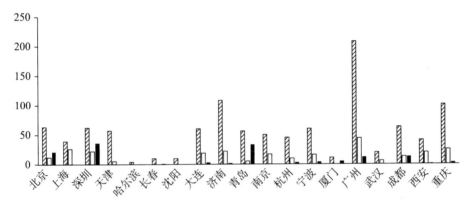

图 5-7　地区金融规划重视程度指标数据

资料来源：人民政府网站及课题组整理。

（四）地区财富管理需求

地区财富管理需求方面指数一共有2个一级分项指标，作为数据源的二级分项指标一共有7个。其中反映地区财富管理市场情况的有4个，反映地区居民财富管理认知情况的有3个。

1. 地区财富管理市场指标

我们以各城市存款总额、股票和债券交易额以及本科在读人口比例来估算当地财富管理需求。如图5-8所示，分地区来看，"存款总额"分项指标排在前面的五个城市分别为北京、上海、深圳、广州、杭州。其中，北上广深存款总额占 19 个样本城市存款总额的55.53%，超过一半。可见，一线城市的存款总额远远大于其他城市。"股票交易额"分项指标排在前面的五个城市分别为上海、深圳、广州、杭州、宁波。"债券交易额"分项指标排在前面的五个城市分别为上海、深圳、广州、北京、南京。其中，北上广深的债券交易额远超其他城市，具有明显优势。"本科在读人口比例"分项指标排在前面的五个城市分别为天津、北京、长春、西安、哈尔滨。总体上看，经济较为发达的一线城市和长三角经济圈城市的财富管理需求较大，尤其是北上广深，其需求规模远远大于其他城市。

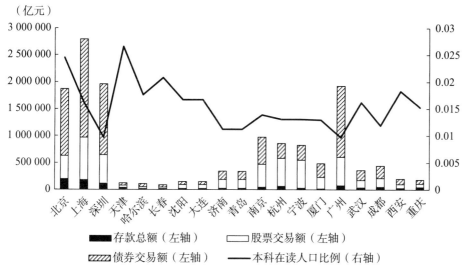

图 5-8　地区财富管理市场指标数据

资料来源：Wind 数据库及课题组整理。

2. 地区财富管理认知指标

地区财富管理认知指标主要指各地居民对财富管理的了解及认识程度。居民有较高的财富管理认知度，在一定程度上意味着当地财富管理未来需求空间较大。

指标数据源自课题组的电话调查。如图 5-9 所示，"财富管理参与度"分项指标排名前五的城市分别为长春、哈尔滨、青岛、武汉、上海。各城市财富管理参与度差别并不明显，青岛在该指标上位居第三。"财富管理认识度"分项指标排名前五的城市分别为青岛、哈尔滨、成都、上海、长春。青岛在该指标上表现突出，位居第一。其他城市得分差异不大。"财富管理计划度"分项指标排名前五的城市分别为济南、长春、天津、厦门、武汉。青岛的"财富管理计划度"指标以 8.76 分排名第七，处于中上游水平，加上其在"财富管理参与度"与"财富管理认识度"分项指标上表现突出，因此，整体来看，青岛的财富管理认知指标处于领先水平。

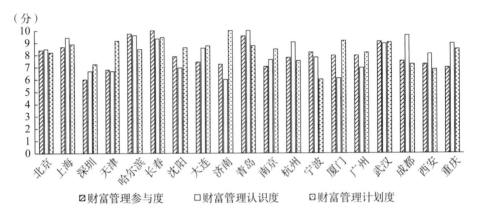

图 5-9　地区财富管理认知指标数据

资料来源：问卷调查及课题组整理。

（五）地区财富管理规模

地区财富管理规模方面指数由 6 个分项指标构成，均直接作为计算基础，分别反映地区银行理财、保险资管、公募基金管理、私募基金资产管理、券商受托资金及信托资产管理规模。

如图 5-10 所示，"银行理财规模"分项指标排名前五的城市依次是上海、北京、天津、杭州、宁波。其中，上海、北京相对于其他城市优势明显。"保险资管规模"分项指标排名前五的城市依次是重庆、北京、上海、深圳、天津。保险资管规模总体相对较小，因此各城市的差异并不大。"公募基金管理规模"分项指标排名前五的城市依次是上海、深圳、北京、天津、宁波，前三名城市的公募基金管理规模远远领先于其他城市，优势明显。"私募基金管理规模"分项指标排名前五的城市依次是北京、上海、武汉、青岛、深圳。"券商受托资金规模"分项指标排名前五的城市依次是深圳、上海、北京、南京、广州。其中，深圳、上海、北京的券商受托资金规模遥遥领先。"信托资产管理规模"分项指标排名前五的城市依次是北京、深圳、上海、武汉、西安。北京以绝对优势排名第一。整体来看，北上深三个一线城市的财富管理规模远远领先于其他城市，表明目前我国财富管理市场仍然较为集中。公募基金目前主要集中在上海、深圳、北京和天津四个城市中。青岛虽然有一定规模的信托资金和银行理财，但财富管理总规模与一线城市仍差距较大。

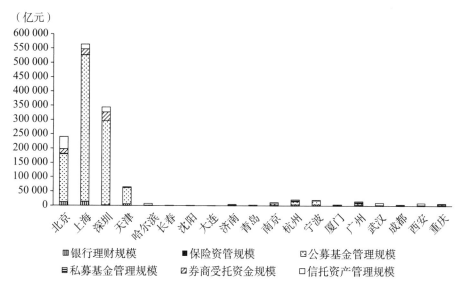

图 5－10　地区财富管理规模指标数据

资料来源：Wind 数据库及课题组整理。

（六）地区理财师数量

地区理财师数量方面指数由 4 个分项指标构成，分别为地区 AFP、CFP、EFP 和 CPB 持证人数，均直接作为计算基础。

如图 5－11 所示，分地区来看，"AFP 持证人数"分项指标排名前五的城市依次是北京、深圳、上海、广州、重庆。北京 AFP 持证人数为 11 510 人，远远领先于其他城市，排名第一。上海 AFP 持证人数为 5 344 人，位于第三名。"CFP 持证人数"分项指标排名前五的城市依次是北京、上海、深圳、广州、成都。与 AFP 持证人数一样，北京以明显优势排名第一。"EFP 持证人数"排名前五的城市依次是广州、北京、宁波、上海、济南。与前面两个分项指标一样，北京、上海仍稳居前五，而宁波、济南在该指标上表现良好，跻身前五。"CPB 持证人数"排名前五的城市依次是北京、上海、广州、深圳、南京。整体来看，一线城市在四种金融理财师持证人数上有着绝对优势，其余城市差距不明显。青岛市 AFP 和 CPB 持证人数相对来说还不够多，但是 CFP 和 EFP 持证人数表现良好，整体来看，青岛市理财师数量处于中等位置，预计未来随着当地政府相关支持政策的出台，当地理财师数量将会有较快增长。

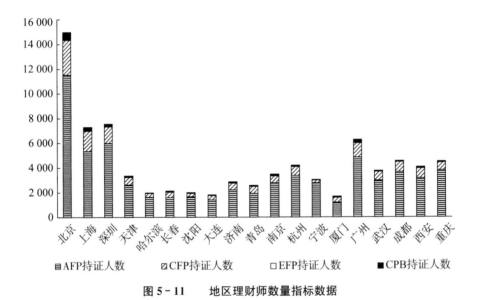

图 5－11　　地区理财师数量指标数据

资料来源：https://www.fpsbchina.cn/chinaCertificate.html。

三、指标权重及计算方法

在确定指数构成及数据选取的基础上，本部分介绍各分项指标的计算方法、计算公式以及由基础数据计算方面指数并整合到总指数中时所使用的权重的确定方法。在此计算方法的基础上可以根据实际情况更改指标选取及数据来源，计算得到新的指标，方便区域财富管理指数的不断更新维护，提高其科学性、准确性和实用性。

（一）分项指标的标准化计算及得分公式

在本报告中，构成区域财富管理指数的最底层指标是作为计算基础的二级分项指标及部分一级分项指标，我们称之为基础指标。基础指标的原始数据来自 Wind 数据库、《中国分省份市场化报告指数（2021）》、北大法宝数据库及问卷调查。由于不同基础指标之间的计量基础不同，无法直接进行整合对比，所以我们首先对实用的基础数据进行标准化，用一套统一的方法将其转化成具有可比性的指数。

为了使报告指数在时间上具备可延续性，方便样本地区的纵向对比，我们将基期年份定为 2018 年。对于定量指标，我们将基期指标最大值和最小值分别标准化为 10 和 6，即样本地区在该指标上的最高得分为 10，最低得分为 6。之后根据各个地区当期该基础指标具体数值确定其在 6 到 10 之间的最终得分。在得到基础指标最终得分后，对不同指标简单加权得到方面指数（地区财富管理需求方面指数测算除外），最后由方面指数按照一定权重或提取公因子方法得到最终综合指数（具体选择方法可以通过效果对比及实际情况确定）。使用此计算方法，各地基础指标在经过跨年变化之后很可能超过 10 或小于 6，故在此基础上得到的综合指数也可能在 6～10 的范围之外，但其数值大小仍然可以代表相应指标水平的高低。

（二）指数计算方法

1. 基础指标计算方法

指标构建的基本出发点是衡量各地金融尤其是财富管理方面的发展状况，所以我们在理论上在指标的高低与发展状况的优劣之间建立正相关关系，指标得分越高，则该指标所指向的分项发展水平越高。以 X 地区指标 i 的计算为例，其具体计算公式为：

$$\text{Index}_i^X = \frac{V_i^X - V_i^{\min}}{V_i^{\max} - V_i^{\min}} \times 4 + 6 \qquad (5-1)$$

式中，Index_i^X 为地区 X 在指标 i 上的得分；V_i^X 为地区 X 在指标 i 上的原始数据；$V_i^{\min}$ 为样本地区在指标 i 上最小的原始数据；$V_i^{\max}$

为样本地区在指标 i 上最大的原始数据。

通过这一标准化处理，基准年份（2018 年）所有基础指标得分均可转化为 6～10 之间，而且指标得分越大，对应的金融环境越好。为了使数据具备延展性，我们将计算方法拓展至基准年份之后，若未来指数计划定期发布，则可利用以下计算方法加以延伸：

$$\text{Index}_i^{X_t} = \frac{V_i^{X_t} - V_i^{\min(0)}}{V_i^{\max(0)} - V_i^{\min(0)}} \times 4 + 6 \qquad (5-2)$$

式中，$\text{Index}_i^{X_t}$ 为 X 地区在 t 年指标 i 的得分；$V_i^{X_t}$ 为地区 X 在 t 年指标 i 的原始数据；$V_i^{\max(0)}$ 和 $V_i^{\min(0)}$ 分别为样本地区在基期指标 i 上的最大及最小原始数据。

2. 由分项指标合成方面指数及总指数

本报告采用简单加权法将多个基础指标提取成方面指数及总指数：对于 19 个样本城市，我们都能够得到 34 个基础指标。由基础指标汇总得到方面指数，再由方面指数得到总指数，可以为各指标设置权重后直接加总，本报告直接采用算术平均法。

（三）地区财富管理需求方面指数测算方法

随着社会经济的发展，无论是企业还是家庭，其财富规模均会出现较快增长，与财富规模增长相伴的是其对财富管理需求的增加。作为财富管理整个行业发展的原生动力，需求规模理应作为衡量地区财富管理发展状况的重要一环。然而由于我国整个财富管理行业仍处于初步探索发展阶段，学界目前缺乏对财富管理需求进行测算和衡量的指标方法。基于此，我们有必要构建一套对各地财富管理需求进行测算的指标体系，以丰富和完善整套财富管理指数系统。同其他方面指数的计算方法不同，由于地区财富管理需求方面指数缺少基础数据，所以采用简单加权与因子回归加权相结合的方法加以测算。

1. 指标构建思路

地区财富管理需求方面指数的出发点是以各地经济、金融及社会发展状况为基础，构建综合反映各地财富管理需求的指标体系。

而市场需求既与各地财富管理市场现状相关，又在很大程度上取决于当地居民的认知水平，即未来潜在的发展空间。因而构建这项指数的关键点有两个：一是估计各地财富管理市场状况；二是科学测算当地居民对财富管理的认知情况。

2. 地区财富管理市场指标测算

考虑到数据的可得性以及各地区的横向可比性，首先，我们结合现有公开权威数据科学地选择权重测算指标，通过回归拟合得到统一权重；其次，选择反映各地状况的代理指标，赋予不同权重并将其代入指标公式得到需求规模测算数；最后，对各地市场需求测算数进行标准化，即最大值设为 10，最小值设为 6，得到地区财富管理市场指标（见图 5-12）。

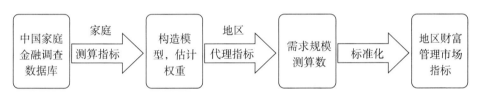

图 5-12 地区财富管理市场指标测算流程

（1）数据源。

我们以西南财经大学 2019 年中国家庭金融调查数据库为基础，选择回归方程变量。该数据库有 34 000 多个符合分析要求的有效样本，而且基本涵盖了家庭经济生活的主要方面，因而可以保证回归权重的科学准确。

（2）测算指标选取。

综合考虑数据的可计量性和相关性后，我们选取家庭 4 个方面共 11 个指标（见表 5-1）作为权重计算模型的基础数据源，具体介绍如下（括号内含数字的为问卷数据编号）。

表 5-1 地区财富管理需求回归指标汇总

一级方面	二级测算指标	区域代理指标
家庭财富管理规模	基金市值	待测算
	银行理财产品市值	
	其他金融理财产品市值	

续表

一级方面	二级测算指标	区域代理指标
家庭生产及收入情况	家庭成员去年工资收入	—
家庭资产状况	活期存款余额	存款总额
	定期存款余额	
	股票账户余额	股票交易额
	债券总市值	债券交易额
	金融衍生工具总市值	
家庭人口学状况	男性人口比例	—
	本科及以上学历人口比例	本科在读人口比例

注："—"表示无区域代理指标，即直接采用二级测算指标。

家庭财富管理规模（wealth）：选取家庭所拥有基金市值（D5107）、家庭持有银行理财产品市值（D7106a）和家庭拥有其他金融理财产品市值（D9110a）3个变量的合计值作为家庭财富管理规模的代理变量及回归模型中的被解释变量。

家庭生产及收入情况：选取家庭成员去年工资收入（income）（A3136）作为反映家庭生产及收入方面的代理指标，样本中变量可量化，所以作为解释变量进行权重估计。

家庭资产状况：选取家庭活期存款余额（currdepo）（D1105）、家庭定期存款余额（fixdepo）（D2104）、家庭股票账户余额（stock）（D3109）、家庭拥有债券总市值（bond）（D4103）及家庭拥有金融衍生工具总市值（finderi）（6100a）5个变量作为反映家庭资产状况的代理变量。5个变量均可量化，直接作为解释变量置于模型中。

家庭人口学状况：选取家庭男性人口比例（maler）（A2003）和家庭本科及以上学历人口比例（schr）（A2012）作为家庭人口学状况的代理变量。两个变量用数据库中相关基础数据经简单计算得到，故可量化，直接作为解释变量进行权重估计。

以上共选择11个基础指标，共构建9个模型变量，其中被解释变量1个，解释变量8个，所有变量均为数值型，可准确计量，符合OLS模型估计的数据要求。

（3）模型构建。

利用以上所选变量，构建如下模型：

$$wealth = c + \beta_1 income + \beta_2 currdepo + \beta_3 fixdepo + \beta_4 stock$$
$$+ \beta_5 bond + \beta_6 finderi + \beta_7 maler + \beta_8 schr \qquad (5-3)$$

式中，系数 β 即为变量权重，表示相应解释变量增加 1 个单位对家庭财富管理规模的影响值。考虑到部分地区仅有存款合计额数值，为了增强可比性，将活期存款余额和定期存款余额合计值作为存款余额（depo）代理变量，从而构建如下模型：

$$wealth = c + \beta_1 income + \beta_2 depo + \beta_3 stock + \beta_4 bond$$
$$+ \beta_5 finderi + \beta_6 maler + \beta_7 schr \qquad (5-4)$$

采用 OLS 进行估计即可得到相应权重 β。

（4）模型估计结果。

利用家庭金融调查的数据对以上模型（5-3）和模型（5-4）加以估计，估计结果如表 5-2 所示：

表 5-2　模型估计结果

	(5-3) wealth	(5-4) wealth
income	0.232 897 2*** (21.82)	0.228 537 5*** (21.38)
currdepo	0.106 778 8 *** (19.28)	
fixdepo	0.225 571 7 *** (30.74)	
stock	0.518 579 5** (22.64)	0.522 692 9 *** (22.77)
bond	0.110 694 1* (1.93)	0.157 542*** (2.74)
finderi	1.576 899*** (6.84)	1.512 045*** (6.55)
maler	−3 727.085 (−1.07)	−4 689.711 (−1.35)
schr	29 555.55*** (15.93)	31 093.42*** (10.72)
depo		0.151 191 9*** (35.71)
_cons	−1 421.844** (−0.73)	−580.442 1 (−0.30)
N	34 493	34 493

注：***、**、* 分别代表在 1%、5%、10% 的水平下显著。

从以上结果可知，除性别比例方面的变量外，其余变量对家庭财富管理规模的影响均为显著，而且改变存款变量设置后拟合结果并未有显著差异，说明估计权重较为稳健。回归结果显著的变量权重均为正值也符合预期。

3. 地区财富管理认知指标测算

为保证对财富管理需求规模测算的科学和精确，我们立足于问卷调查结果，对各地区居民财富管理认知度加以评估，以从潜在需求的角度对市场需求指标加以补充和修正。地区财富管理认知分项指标主要包含 3 个二级分项指标，分别反映当地居民在财富管理参与度、财富管理认识度和财富管理计划度 3 个方面的信息。二级分项指标以简单加权法汇总得到地区财富管理认知指标。

使用因子回归法得到的地区财富管理市场指标与地区财富管理认知指标以简单加权法汇总得到地区财富管理需求方面指数。

四、数据来源

确定所选指标后，我们尽可能综合保证相应数据的可获得性及可靠性，所有数据均来自公开权威数据库。表 5-3 列出了目前指数计算中所使用的各个指标及其数据来源。

表 5-3　区域财富管理指数构成一览

指标名称	指标类别	数据来源
区域财富管理总指数	总指数	—
（一）地区经济市场化程度	方面指数	—
1. 政府与市场关系	一级分项指标	—
（1）市场分配经济资源比重	二级分项指标	Wind 数据库
（2）政府对企业的干预	二级分项指标	樊纲指数
（3）政府规模	二级分项指标	Wind 数据库
2. 非国有经济的发展	一级分项指标	—
（1）非国有经济在工业中所占比重	二级分项指标	Wind 数据库
（2）非国有经济就业人数占比	二级分项指标	樊纲指数
3. 产品市场发育程度	一级分项指标	—
（1）市场价格决定程度	二级分项指标	樊纲指数

指标名称	指标类别	数据来源
（2）商品市场上的地方保护	二级分项指标	樊纲指数
4. 金融业市场化程度	一级分项指标	—
（1）金融业市场化竞争	二级分项指标	Wind 数据库
（2）信贷资金分配市场化	二级分项指标	樊纲指数
5. 市场中介组织的发展	一级分项指标	—
（1）行业协会对企业的帮助程度	二级分项指标	樊纲指数
（2）维护市场法治环境	二级分项指标	樊纲指数
（二）地区金融发展政策支持程度	方面指数	—
1. 地方金融办、金融工作局、金融服务办公室等印发的金融类规章制度数	一级分项指标	北大法宝数据库
2. 地方人民政府印发的标题关于金融业的法规规章数	一级分项指标	北大法宝数据库
3. 地方政府机构印发的标题含有"财富管理"关键词的法规规章数	一级分项指标	北大法宝数据库
（三）地区金融规划重视程度	方面指数	—
1. 金融发展"十四五"规划中"金融机构"词频	一级分项指标	人民政府网站
2. 金融发展"十四五"规划中"金融人才"词频	一级分项指标	人民政府网站
3. 金融发展"十四五"规划中"财富管理"词频	一级分项指标	人民政府网站
（四）地区财富管理需求	方面指数	—
1. 地区财富管理市场指标	一级分项指标	—
（1）存款总额	二级分项指标	Wind 数据库
（2）股票交易额	二级分项指标	Wind 数据库
（3）债券交易额	二级分项指标	Wind 数据库
（4）本科在读人口比例	二级分项指标	Wind 数据库
2. 地区财富管理认知指标	一级分项指标	—
（1）财富管理参与度	二级分项指标	调查问卷
（2）财富管理认识度	二级分项指标	调查问卷
（3）财富管理计划度	二级分项指标	调查问卷
（五）地区财富管理规模	方面指数	—
1. 银行理财规模	一级分项指标	中国家庭金融调查数据库、Wind 数据库
2. 保险资管规模	一级分项指标	Wind 数据库
3. 公募基金管理规模	一级分项指标	Wind 数据库
4. 私募基金管理规模	一级分项指标	Wind 数据库
5. 券商受托资金规模	一级分项指标	Wind 数据库

续表

指标名称	指标类别	数据来源
6. 信托资产管理规模	一级分项指标	Wind 数据库
（六）地区理财师数量	方面指数	—
1. AFP 持证人数	一级分项指标	FPSB China
2. CFP 持证人数	一级分项指标	FPSB China
3. EFP 持证人数	一级分项指标	FPSB China
4. CPB 持证人数	一级分项指标	FPSB China

注：本表列示的是基础指标的数据来源，部分一级指标及全部方面指数由基础指标简单加权得到。

从表 5-3 可以看到，我们所设置的区域财富管理总指数共包括 6 个方面指数、23 个一级分项指标和 18 个二级分项指标，作为计算依据的基础指标共 34 个。数据来源可靠且广泛，保证所构建指数的准确及稳健。

五、结果展示

按照以上数据计算方法，我们将各地区方面指数以及总指数计算结果列在表 5-4 中。

说明：以下所汇报的指标结果中，斜线柱形图为区域财富管理总指数图，横线柱形图为方面指数图，散点柱形图为一级指标图，白色柱形图为二级指标图。

表 5-4　各城市区域财富管理指数排名

城市	区域财富管理总指数	地区经济市场化程度	地区金融发展政策支持程度	地区金融规划重视程度	地区财富管理需求	地区财富管理规模	地区理财师数量
北京	1	11	9	4	4	1	1
上海	2	9	7	9	1	2	3
深圳	3	4	6	2	2	3	2
广州	4	3	2	1	3	6	4
宁波	5	2	8	10	8	13	12
青岛	6	8	1	3	14	15	14
杭州	7	1	10	13	9	9	7
重庆	8	10	4	5	17	5	6
南京	9	5	15	12	7	12	10

续表

城市	区域财富管理总指数	地区经济市场化程度	地区金融发展政策支持程度	地区金融规划重视程度	地区财富管理需求	地区财富管理规模	地区理财师数量
厦门	10	6	3	16	13	19	19
济南	11	7	13	6	5	17	13
天津	12	15	5	14	19	4	11
成都	13	13	12	7	10	10	5
武汉	14	12	16	15	11	8	9
西安	15	14	17	11	18	11	8
大连	16	16	11	8	15	16	18
哈尔滨	17	19	14	19	6	7	17
沈阳	18	18	18	8	12	14	16
长春	19	17	19	17	16	18	15

注：后续图表中数据标签统一保留两位小数，但排名时按真实值排序。

（一）区域财富管理总指数

加权汇总后的区域财富管理总指数可以从宏观上综合反映各城市财富管理行业发展的状况，因而提供各地区的横向对比信息。如图5-13所示，该指数排在前六名的城市依次为北京、上海、深圳、广州、宁波、青岛，其中青岛以8.29分位列第六。总体来看，我国一线城市财富管理行业发展优势明显，这可能受益于当地较为完备的金融市场环境。青岛市作为二线城市，其对财富管理行业发展的重视度更高，随着地区金融环境的成熟，预计未来其财富管理行业仍将保持良好的发展态势。

长三角经济圈城市（南京、杭州、宁波）得分位于中上游；西南重镇重庆综合得分为8.01，在西部城市中表现突出。东北和西部城市平均得分较低，除成都外大多在6～7分之间，可能是由于受到当地经济转型发展的影响。整体来看，区域财富管理总指数与城市经济发展及开放程度有较大相关性，经济较为发达的一线城市、长三角经济圈城市以及东南沿海城市得分普遍较高；青岛市作为二线城市表现突出，尤其青岛市将财富管理作为其发展战略之一，综合得分与一线城市相当，行业发展动力强劲。

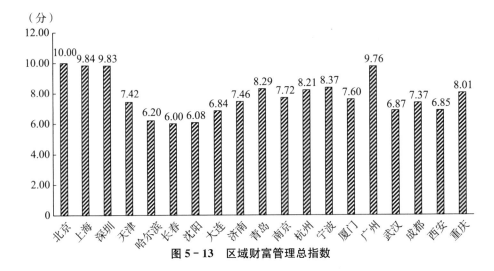

图 5 - 13　区域财富管理总指数

（二）地区经济市场化程度

地区经济市场化程度方面指数主要反映各城市经济环境状况，是财富管理行业发展的主要基础。该方面指数得分前五名的城市依次是杭州、宁波、广州、深圳、南京，前五名得分都在 9 分以上。长三角经济圈及东南沿海城市在地区经济市场化程度上表现突出，而一线城市中北京由于政府机构较为集中，其经济市场化水平受到较大影响，得分为 7.60 分；东北及西部城市整体处于中下游水平；青岛市得分为 8.63 分，位列第八名，相比 2019 年报告中的排名略微下降（见图 5 - 14）。

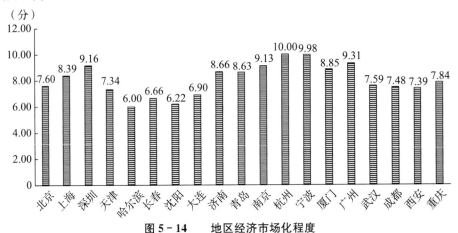

图 5 - 14　地区经济市场化程度

注：由于缺少市级数据，本部分采用省级数据替代。

1. 政府与市场关系

政府与市场关系指标衡量政府和市场在推动经济发展中的相对强弱，在一定程度上可以反映经济环境的自由度，主要包含市场分配经济资源比重、政府对企业的干预以及政府规模 3 个二级分项指标。

该指标得分前五名的城市分别为杭州、宁波、西安、北京、广州，前四名城市得分在 9 分以上，相互间差距较小。一线城市中，上海、广州、深圳相较北京得分显著降低，大部分西部及东北城市得分处于中下游水平（见图 5-15）。

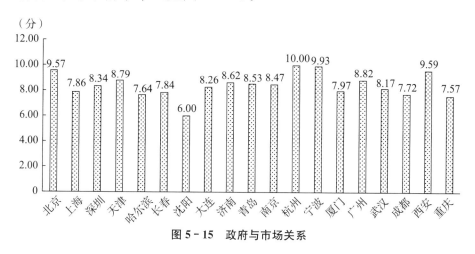

图 5-15 政府与市场关系

（1）市场分配经济资源比重。该指标得分如图 5-16 所示。

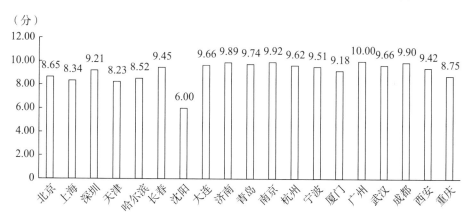

图 5-16 市场分配经济资源比重

（2）政府对企业的干预。该指标得分如图 5-17 所示。

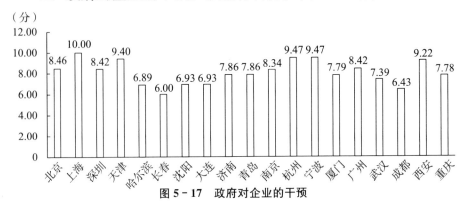

图 5-17　政府对企业的干预

（3）政府规模。该指标得分如图 5-18 所示。

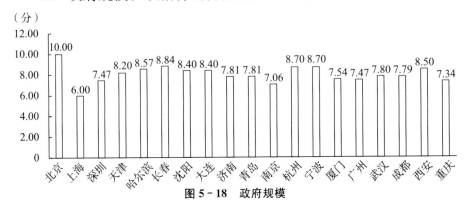

图 5-18　政府规模

2. 非国有经济的发展

非国有经济的发展指标主要衡量各地非国有经济发展状况，主要由非国有经济在工业中所占比重及非国有经济就业人数占比两个分项指标构成，较高的非国有经济发展得分意味着当地经济环境更为活跃。

该指标得分前五名的城市分别为南京、深圳、广州（与深圳并列第二）、厦门、杭州、宁波（与杭州并列第五），长三角经济圈和东南沿海城市的非国有经济发展明显更为成熟。青岛市以 8.11 分与济南并列第十名，处于中游水平。一线城市中北京、上海得分较低，说明当地非国有经济建设成果还不够明显；西南重镇重庆虽然地处内陆，但得分高达 9.13，作为二线城市，非国有经济发展强劲（见图 5-19）。

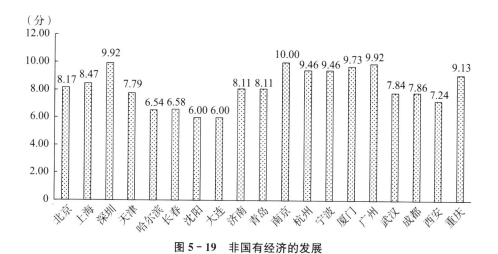

图 5-19　非国有经济的发展

（1）非国有经济在工业中所占比重。该指标得分如图 5-20所示。

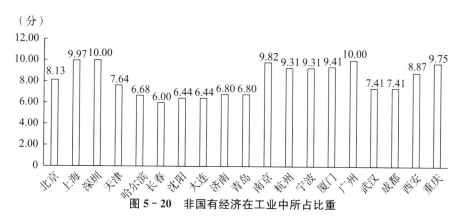

图 5-20　非国有经济在工业中所占比重

（2）非国有经济就业人数占比。该指标得分如图 5-21所示。

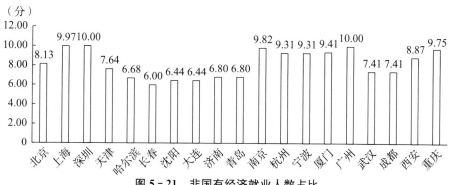

图 5-21　非国有经济就业人数占比

3. 产品市场发育程度

借鉴樊纲指数，产品市场发育程度指标主要包括市场价格决定程度和商品市场上的地方保护两个分项指标，产品价格形成中市场因素越大、商品市场中地方保护现象越弱，意味着当地产品市场越成熟。

该指标得分前五名的城市分别为青岛、济南（与青岛并列第一）、厦门、深圳、广州（与深圳并列第四）。长三角经济圈、西部地区城市得分相对略低；东北地区表现总体较差，其中哈尔滨以6.00 的综合得分位列最后一名（见图 5-22）。青岛市在产品市场发育程度指标上表现突出，远远超过上海、北京等一线城市，与济南并列第一。

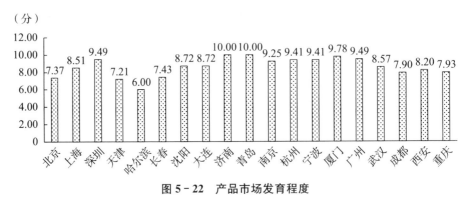

图 5-22　产品市场发育程度

（1）市场价格决定程度。该指标得分如图 5-23 所示。

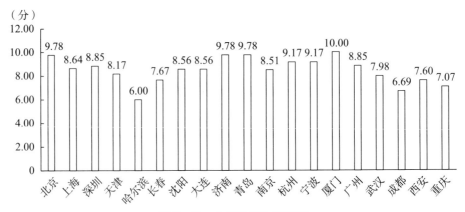

图 5-23　市场价格决定程度

（2）商品市场上的地方保护。该指标得分如图 5－24 所示。

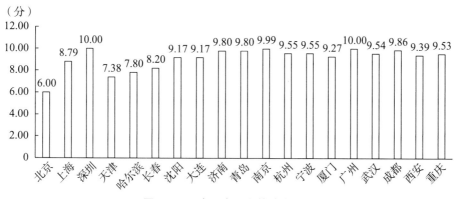

图 5－24　商品市场上的地方保护

4. 金融业市场化程度

金融业市场化程度指标具体衡量金融行业中的市场化水平，由金融业市场化竞争和信贷资金分配市场化两个二级分项指标构成。该指标得分越高，说明当地金融业发展环境相对越优。

该指标得分前五名的城市分别为杭州、宁波（与杭州并列第一）、济南、青岛（与济南并列第三）、成都。这些城市金融机构站点中政策性及大型商业银行占比较低，信贷资金分配更为市场化；一线城市中北京和上海由于分别受到其相对较低的信贷配给和金融市场竞争水平的影响，整体得分较低，青岛市得分居于前三，说明青岛市金融市场环境良好稳定（见图 5－25）。

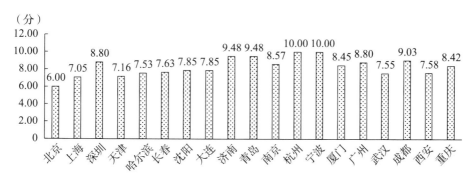

图 5－25　金融业市场化程度

（1）金融业市场化竞争。该指标得分如图 5-26 所示。

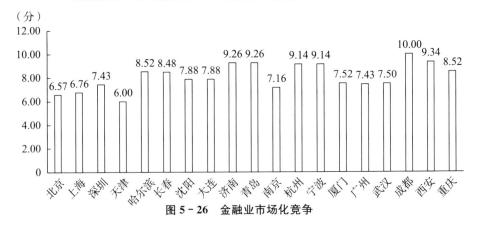

图 5-26　金融业市场化竞争

（2）信贷资金分配市场化。该指标得分如图 5-27 所示。

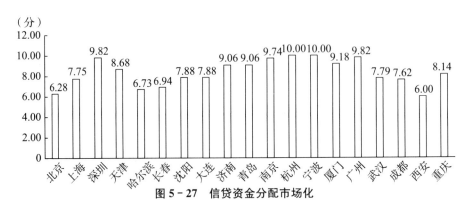

图 5-27　信贷资金分配市场化

5. 市场中介组织的发展

市场中介组织的发展指标用来衡量各地区市场经济中中介组织发挥的作用，主要由行业协会对企业的帮助程度和维护市场法治环境两个分项指标构成。较为成熟的市场中介组织可以帮助市场经济实现更为快速的发展。

该指标得分前五名的城市依次为上海、杭州、宁波（与杭州并列第二）、北京、南京。杭州和宁波虽然位居第二，但与上海具有较大差距，说明上海的市场中介组织发展程度远远高于其他城市。青岛以 6.58 分与济南并列第十三名，相对于 2020 年报告中排名已下降六名，不可否认青岛市市场中介组织发展程度仍然有较大提升空间（见图 5-28）。

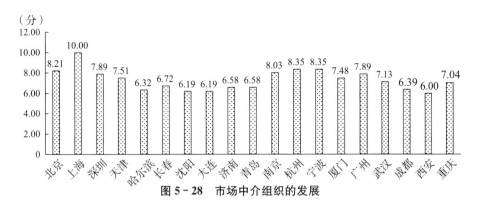

图 5 - 28　市场中介组织的发展

（1）行业协会对企业的帮助程度。该指标得分如图 5 - 29 所示。

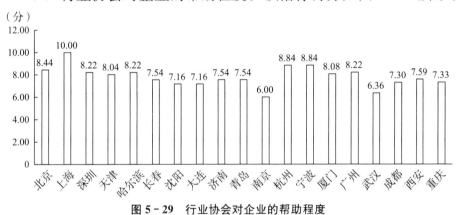

图 5 - 29　行业协会对企业的帮助程度

（2）维护市场法治环境。该指标得分如图 5 - 30 所示。

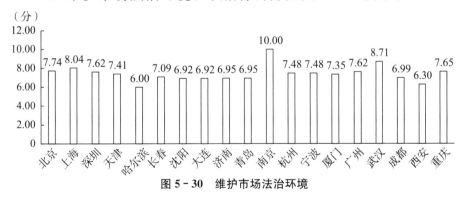

图 5 - 30　维护市场法治环境

（三）地区金融发展政策支持程度

地区金融发展政策支持程度方面指数从金融管理部门的角度衡量各城市政府对当地金融行业发展的关注和支持力度，主要通过统计相关部门发文数加以客观计量。具体由地方金融办、金融工作局、金融服务办公室等印发的金融类规章制度数，地方人民政府印发的标题关于金融业的法规规章数及地方政府机构印发的标题含有"财富管理"关键词的法规规章数构成。较高的方面指数得分表明当地政府出台了更多关于促进金融业发展的法规政策。

该方面指数得分前五名的城市依次为青岛、广州、厦门、重庆、天津。青岛位列第一，并远超第二名的分数，说明青岛相比于其他城市提高了对金融发展的政策支持力度。沿海城市普遍得分较高；虽然重庆位于西南地区，但可见政府对金融发展的政策支持力度很大；东北地区的哈尔滨、长春、沈阳和大连得分相对较低，处于中下游水平（见图 5-31）。

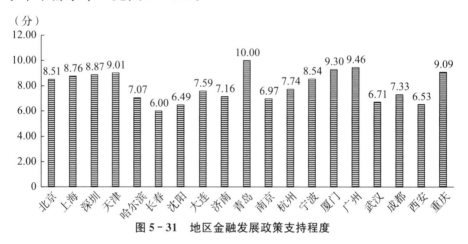

图 5-31 地区金融发展政策支持程度

1. 地方金融办、金融工作局、金融服务办公室等印发的金融类规章制度数

该分项指标主要衡量地区金融管理部门的活跃度，以过去五年发文数为量化基础。可以看到，位于 9 分以上的有北京、广州、天津、上海、厦门五个城市，宁波、重庆、深圳得分在 8～9 分之间。青岛得分 7.82，为第九名，处于中游水平。总体而言，一线城市的金融管理部门发文活跃度更高（见图 5-32）。

2. 地方人民政府印发的标题关于金融业的法规规章数

考虑到部分城市未专门设置金融办、金融工作局等金融部门，或者将金融法规规章直接以人民政府名义对外发布，我们增加人民政府

（分）

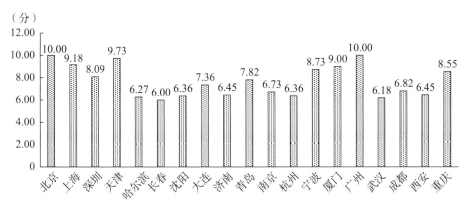

图 5－32　地方金融办、金融工作局、金融服务办公室印发的金融类规章制度数

金融类法规发文指标加以补充，衡量地区政府对金融发展的重视度。该指标得分前五名的城市依次为深圳、厦门、重庆、杭州、广州。其中，深圳、厦门、重庆并列第一，杭州、广州并列第四。青岛以 8.67 分位于第八名，相比 2020 年报告进步一名，近几年处于不断上升的阶段，说明青岛市政府在近年内对金融发展高度重视，这将促进青岛市整体金融环境的改善。由于此指标与地方金融部门发文指标存在一定的互补性，故一线城市得分相对偏低（见图 5－33）。

（分）

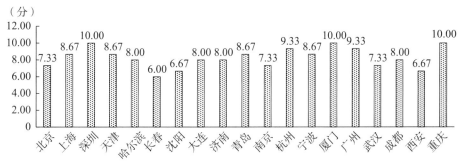

图 5－33　地方人民政府印发的标题关于金融业的法规规章数

3. 地方政府机构印发的标题含有"财富管理"关键词的法规规章数

具体到地方政府对财富管理行业的关注度，我们以标题含"财富管理"关键词的发文数作为代理指标加以量化。由于所选时间区间中只有青岛发布以"财富管理"为主题的金融法规规章，故其得

分远高于其他城市（见图 5-34）。这也反映出青岛市政府对财富管理发展的重视。

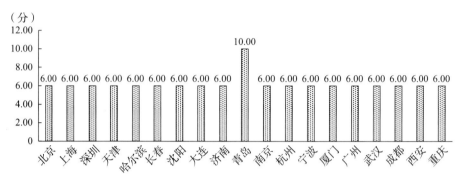

图 5-34　地方政府机构印发的标题含有"财富管理"关键词的法规规章数

（四）地区金融规划重视程度

为了能够前瞻性地衡量地区政府对金融业尤其是财富管理行业发展的支持度，我们设置地区金融规划重视程度方面指数，以各城市金融发展"十四五"规划中关键词词频作为数据基础，由于"十四五"规划在一定程度上反映当地政府未来五年的发展重点，所以可以前瞻性地衡量各地区未来部分金融领域的发展空间。我们选取"金融机构""金融人才"和"财富管理"三个关键词构建分项指数，分别统计报告中的词频。

该指数得分前五名的城市依次为广州、深圳、青岛、北京、重庆，前五名与 2020 年报告中的前五名城市相同，重庆排名从第二名下降到第五名，深圳、青岛和北京的排名依次上升一名。东北城市得分多在 7 分以下，且城市间差距较小（见图 5-35）。

1. 金融发展"十四五"规划中"金融机构"词频

该指标可以用于衡量各地政府未来对支持金融机构发展的重视程度，得分前五名的城市依次为广州、济南、重庆、北京、成都。其中，青岛得分 7.02，排名第十，处于中游；广州得分 10.00，远超其他城市；其余城市大多在 6～8 分之间，且城市间差距较小（见图 5-36）。

2. 金融发展"十四五"规划中"金融人才"词频

该指标用于衡量地方政府未来对培养、引进金融人才的重视程

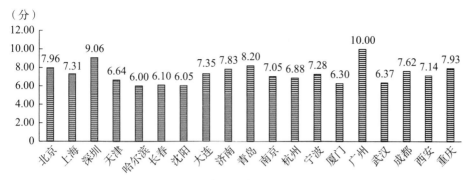

图 5 - 35　地区金融规划重视程度

注：由于目前部分城市金融发展"十四五"规划文件仍未发布或无法从公开渠道获得，故部分城市以经济发展"十三五"规划替代。替代城市及所用文件为：哈尔滨——《哈尔滨市国民经济和社会发展第十四个五年规划和二〇三五年远景目标纲要》，厦门——《厦门市国民经济和社会发展第十四个五年规划和二〇三五年远景目标纲要》，沈阳——《沈阳市国民经济和社会发展第十四个五年规划和二〇三五年远景目标纲要》，长春——《长春市国民经济和社会发展第十四个五年规划和2035年远景目标纲要》。虽然部分城市文件统计口径未统一，但我们先以目前可获得数据构建指数，待获取了相关政策文件后可对指数做相应调整。

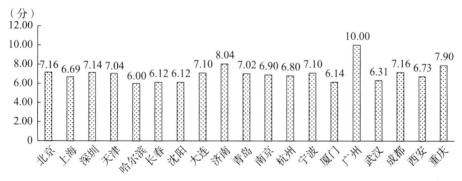

图 5 - 36　金融发展"十四五"规划中"金融机构"词频

度，得分前五名的城市依次为广州、上海、重庆、深圳、济南（与深圳并列第四）。其中，青岛以 6.45 分位居第十五名，东北地区得分较低（见图 5 - 37）。不同城市间得分差距较大，表明其对金融人才的重视度差别明显。

3. 金融发展"十四五"规划中"财富管理"词频

该指标直接测度各城市对财富管理的重视度，得分前五名的城市依次为深圳、青岛、北京、成都、广州。深圳和青岛得分远远超过其余城市，表明两市当地政府在未来五年中对这一行业的发展予以较大支持；除北京外，其余城市得分均在 8 分以下，也说明财富管理目前仍未得到多数城市的关注，未来发展空间较大（见图 5－38）。

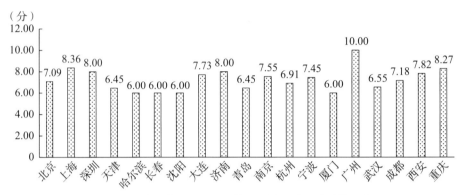

图 5－37　金融发展"十四五"规划中"金融人才"词频

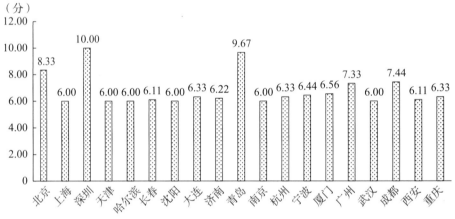

图 5－38　金融发展"十四五"规划中"财富管理"词频

（五）地区财富管理需求

地区财富管理需求方面指数从需求的角度估计各城市财富管理行业的市场空间，得分越高，行业未来发展空间越大。该方面指数由地区财富管理市场指标和地区财富管理认知指标两个分项指标构成。综合得分前五名的城市依次为上海、深圳、广州、北京、济南。青岛市在地区财富管理市场指标上排名第十一，比 2020 年提升了七名；在地区财富管理认知指标上排名第十四，综合排名位于第十四，处于样本城市的中游水平（见图 5－39）。

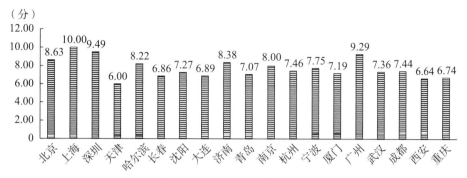

图 5-39　地区财富管理需求

1. 地区财富管理市场指标

该指标以西南财经大学的中国家庭金融调查数据为基础，估计出需求测算函数，再将各城市财富变量代入求得。得分前五名的城市依次是上海、深圳、广州、北京和杭州。青岛市以 6.51 分位列第十一名，较 2020 年进步七名；上海得分为 10，北京、广州、深圳在 8 分以上，其余城市得分均在 8 分以下，7 分以下的城市共 12 个（见图 5-40）。这表明我国财富管理市场相对集中，除北上广深外各城市的财富管理市场仍有继续促进需求增长的空间。

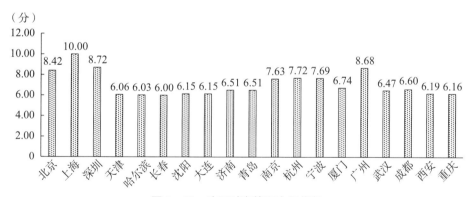

图 5-40　地区财富管理市场指标

（1）存款总额（见图 5-41）。

（2）股票交易额（见图 5-42）。

（3）债券交易额（见图 5-43）。

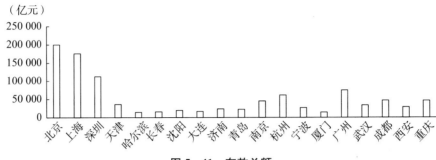

图 5－41　存款总额

注：存款总额、股票交易额、债券交易额和本科在读人口比例作为解释变量以估计家庭财富管理规模。因此，存款总额无须绘制指标得分图。

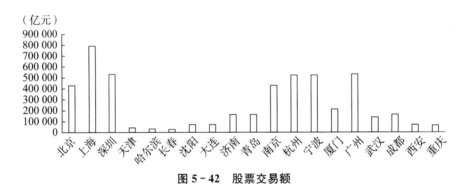

图 5－42　股票交易额

注：存款总额、股票交易额、债券交易额和本科在读人口比例作为解释变量以估计家庭财富管理规模。因此，股票交易额无须绘制指标得分图。

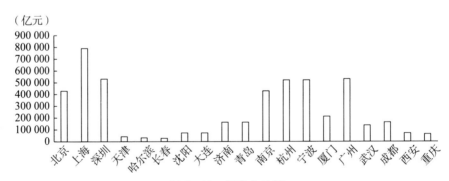

图 5－43　债券交易额

注：存款总额、股票交易额、债券交易额和本科在读人口比例作为解释变量以估计家庭财富管理规模。因此，债券交易额无须绘制指标得分图。

（4）本科在读人口比例（见图 5-44）。

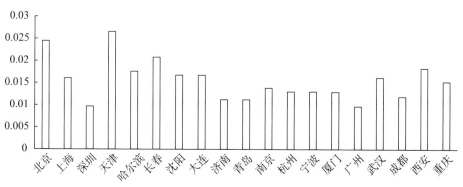

图 5-44　本科在读人口比例

注：存款总额、股票交易额、债券交易额和本科在读人口比例作为解释变量以估计家庭财富管理规模。因此，本科在读人口比例无须绘制指标得分图。

2. 地区财富管理认知指标

地区财富管理认知指标根据课题组问卷调查结果整理得到，主要了解各城市居民对财富管理的参与、了解和计划程度，从微观角度测度行业未来需求。该指标主要包含财富管理参与度、认识度和计划度 3 个二级分项指标。综合得分前五名的城市依次为哈尔滨、济南、深圳、广州、上海，得分均在 9 分以上。青岛得分为 7.47，位于第十四名（见图 5-45）。

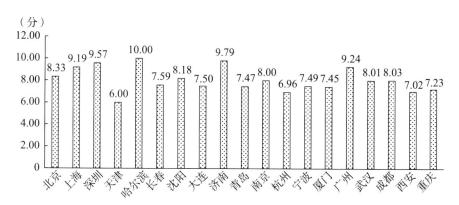

图 5-45　地区财富管理认知指标

（1）财富管理参与度。该指标得分如图 5-46 所示。

（2）财富管理认识度。该指标得分如图 5-47 所示。

（3）财富管理计划度。该指标得分如图 5－48 所示。

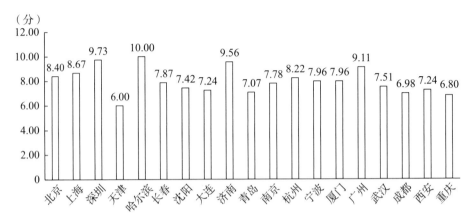

图 5－46　财富管理参与度

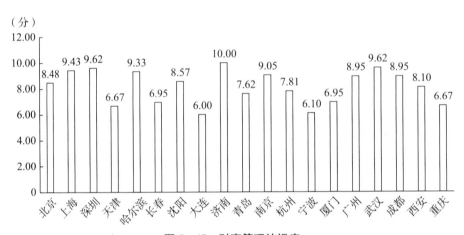

图 5－47　财富管理认识度

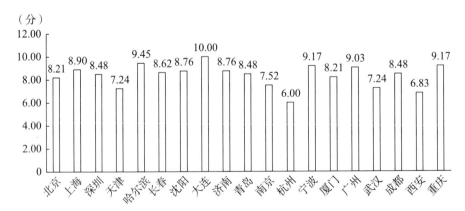

图 5－48　财富管理计划度

（六）地区财富管理规模

地区财富管理规模方面指数直接测量各城市的理财规模，包含6个分项指标，分别从银行理财规模、保险资管规模、公募基金管理规模、私募基金管理规模、券商受托资金规模和信托资产管理规模六个方面加以测度。得分前五名的城市依次为北京、上海、深圳、天津、重庆，青岛以6.26分位列第十五名。北京、上海得分在9分以上，深圳得分在8～9分之间，其余城市得分均在7分以下，前两名城市在财富管理规模上有绝对优势（见图5-49）。

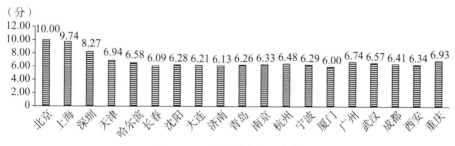

图 5-49　地区财富管理规模

1. 银行理财规模

银行理财规模指标得分如图5-50所示。

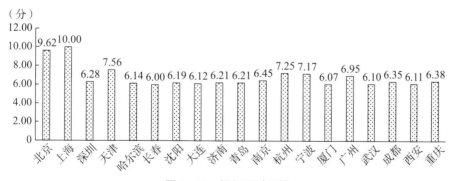

图 5-50　银行理财规模

2. 保险资管规模

保险资管规模指标得分如图5-51所示。

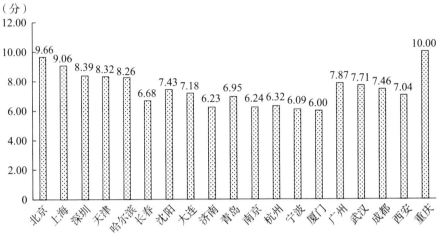

图 5-51　保险资管规模

3. 公募基金管理规模

公募基金管理规模指标得分如图 5-52 所示。

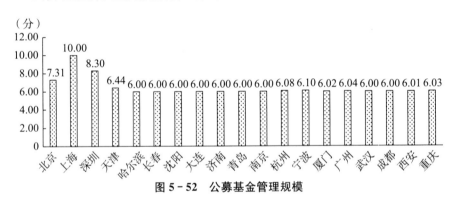

图 5-52　公募基金管理规模

4. 私募基金管理规模

私募基金管理规模指标得分如图 5-53 所示。

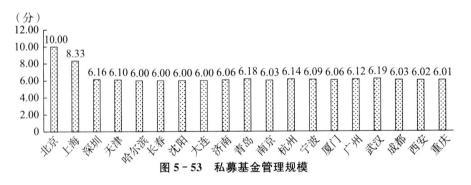

图 5-53　私募基金管理规模

5. 券商受托资金规模

券商受托资金规模指标得分如图 5-54 所示。

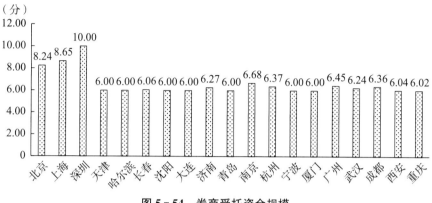

图 5-54 券商受托资金规模

6. 信托资产管理规模

信托资产管理规模指标得分如图 5-55 所示。

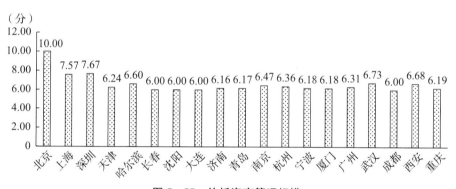

图 5-55 信托资产管理规模

（七）地区理财师数量

地区理财师数量方面指数以各地金融理财师持证人数为计量依据，反映相应城市金融理财服务的质量和能力，主要包括 4 个分项指标：AFP 持证人数、CFP 持证人数、EFP 持证人数和 CPB 持证人数。该方面指数得分前五名的城市依次为北京、深圳、上海、广州、成都。青岛以 6.27 分位列第十四名，除北京、上海、深圳、广州外，其余城市得分差距不大，均在 6～7 分之间，说明目前我国金融理财专业服务人员仍主要集中在一线城市（见图 5-56）。

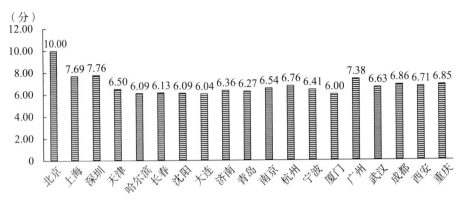

图 5－56 金融理财师规模

1. AFP 持证人数

AFP 持证人数指标得分如图 5－57 所示。

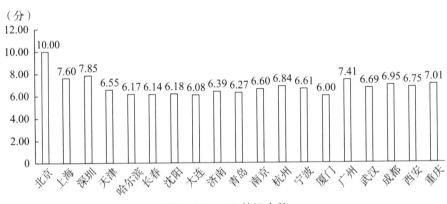

图 5－57 AFP 持证人数

2. CFP 持证人数

CFP 持证人数指标得分如图 5－58 所示。

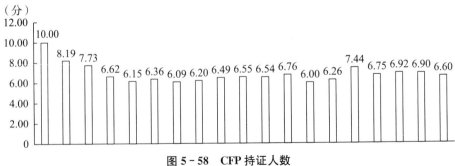

图 5－58 CFP 持证人数

3. EFP 持证人数

EFP 持证人数指标得分如图 5-59 所示。

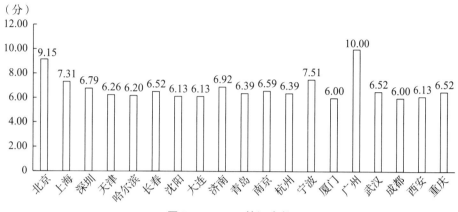

图 5-59　EFP 持证人数

4. CPB 持证人数

CPB 持证人数指标得分如图 5-60 所示。

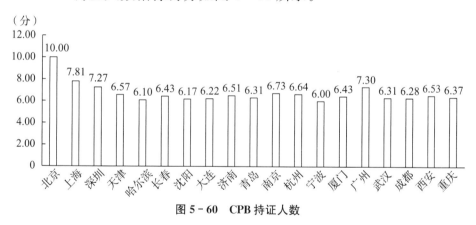

图 5-60　CPB 持证人数

六、结果分析

在综合考虑了地区经济市场化程度、地区金融发展政策支持程度、地区金融规划重视程度、地区财富管理需求、地区财富管理规模以及地区理财师数量六大方面指数之后，在我国四大直辖市和 15 个副省级城市中，地区财富管理总指数排名前六位的城市依次为北京、上海、深圳、广州、宁波、青岛。其中，青岛市在"地区金融发展政策支持程度""地区金融规划重视程度"等指标上均表现良好，表明青岛市在积极参与中国财富管理的实践中取得了初步的成绩，抓住了中国财富管理行业进一步发展的机遇。而宁波、杭州等城市在"地区经济市场化程度"指标上表现良好，在其他指标上也没有明显短板，发展较为均衡、后劲较足。作为地方性金融中心，这几个城市有望在政府的扶持下进一步完善金融中心建设规划，为地区金融发展提供良好的制度与金融市场环境。虽然北京、上海、广州、深圳目前仍然牢牢占据着全国金融机构和政策中心、全国金融市场中心和全国资本市场中心的位置，但是，青岛等地方性金融中心的建设对我国金融业的整体繁荣仍然具有极高的战略意义。以青岛市政府为代表的地方政府在建设当地金融市场上的决心和举动将很大程度上影响其未来在国内的金融地位。

具体到方面指数上，各城市由于其经济发展水平及产业结构等不同而呈现不同的特征，各有长处。杭州、宁波、广州、深圳、南京为地区经济市场化程度前五名，表明我国东南沿海及长江经济带城市经济市场化程度相对较高，良好的市场环境对地区经济发展起到了强有力的支撑作用。

地区金融发展政策支持力度前五名依次为青岛、广州、厦门、重庆、天津，不同城市得分差异明显，在一定程度上反映出各地方政府对金融业特别是财富管理行业发展的认识存在异质性。青岛市在该方面指数上表现非常突出，这说明青岛为当地的金融发展提供了良好的政策保障。

"十四五"规划是城市未来五年经济建设的风向标，广州、深圳、青岛、北京和重庆在地区金融规划重视程度方面指数中处于第一梯队，青岛市在其金融发展"十四五"规划中多次提及财富管理战略，相应地，该方面指数得分超过部分一线城市，反映当地政府充分发挥了促进财富管理未来发展的职能。

在本报告的需求测算口径下，上海、深圳、广州、北京、济南的财富管理需求相对较大。青岛在该项上排名较为靠后，在地区财富管理市场分项指标上排名第十一，仍有很大的提升空间，但较

2020 年提升了七名，有较大改善。

在地区财富管理规模方面，北京、上海和深圳以绝对的领先优势占据前三名的位置。具体到 6 个分项指标中，北京在信托资产管理规模和私募基金管理规模上拥有最大优势。上海在公募基金管理规模和银行理财规模上遥遥领先。在该方面指数的评分中，北京以 10 分位列第一，上海以 9.74 分位列第二。截至 2019 年，仅仅是北京、上海、深圳这三个城市就占据了全国大约 45％的财富管理市场规模，是中国目前当之无愧的金融资源聚集和辐射地。而处在第二梯队的广州、天津、重庆、成都、武汉、杭州、南京、青岛等城市，其财富管理规模自 2012 年开始也步入了快速上升通道，这些城市有望通过政府指引和市场驱动全面支撑地区财富管理中心的发展。

从地区理财师数量看，北京、深圳、上海、广州和成都位列前五名，青岛以 6.27 分位列第十四名，北京以绝对优势占据第一，其余城市得分差距不大，目前我国金融理财专业服务人员仍主要集中在一线城市。

总体来看，目前我国副省级城市的财富管理行业发展状况仍然呈现出不平衡、不全面的特点：一线城市财富管理行业发展强劲，尤其在财富管理规模及需求上具有明显优势，而东北及西部城市在该指标上整体得分偏低。综合考察地区财富管理总指数与各方面指数，不难发现，总指数得分较高的城市在方面指数得分上也存在着一些短板，如：北京市总指数得分排名第一，但其地区经济市场化方面指数得分较低（第十一）；上海市总指数排名第二，但在地区金融规划重视程度方面指数上排名靠后（第九）。此外，虽然一线城市在财富管理行业中处于优先地位，但我们也可以看到，以宁波、青岛、杭州、重庆等为代表的二线城市，其财富管理行业在经济金融基础相对薄弱的环境下仍然取得了较大发展成果。与地区经济发展相对应，居民财富管理需求不断上升，随着我国构建高水平社会主义市场经济体系的推进，财富管理行业在各地方政府对金融业的重视与支持下必将迎来更为快速的发展。

第五章 区域财富管理指数

第六章

财富管理前瞻指数

一、财富管理前瞻指数简介

（一）前瞻指数设计目的

前瞻指数的设计有三个目的：一是从需求和供给两个角度对整个国家财富管理行业发展前景进行预测；二是对行业内不同类型机构、不同产品的发展趋势进行预测；三是从区域角度对不同区域财富管理行业发展潜力进行预测。因此财富管理前瞻指数可分为三大类：一是财富管理规模发展动态演进指数，该指数以全国为测算范围，计算财富管理规模的动态变化规律；二是财富管理行业发展前瞻指数，对财富管理主要行业的发展状况进行测算；三是财富管理区域发展前瞻指数，对目标区域财富管理的动态发展规律进行测算。

（二）前瞻指数计算方法

编制前瞻指数的目的主要是希望从指数中直观观察未来发展潜力，因此在该指数的计算中，除利用已有指标数值外，还需要计算每一个一级或二级指标的同比发展速度，并通过因子分析法，计算得到每个指标所占的权重，计算出最终指数值。

（三）前瞻指数的替代选择

事实上，除前瞻指数外，我们仍然有其他可选择方案对财富管理指数体系进行前瞻展望。其中一个可行的选择方案就是，以经济学、统计学等理论与技术手段，对规模指数、产品指数及各地区财富管理指数进行预测。本研究除构建相应前瞻指数外，也将对各指数值作前瞻展望以供对比参考。

二、前瞻指数指标体系构成

从上述目的出发，前瞻指数构成指标可包括反映当前发展现状的同期指标与反映未来发展潜力的领先指标。从数据可获性、与其他指数指标构成的一致性角度出发，本研究大部分指标与财富管理行业规模指数相一致，并包括 GDP 这一反映未来财富管理潜力的指标。

（一）财富管理规模发展动态演进指数

构成该指数的指标体系如表 6-1 所示。

表 6-1　财富管理规模发展动态演进指数指标体系构成

一级指标		二级指标（财富管理业务）[a]
全行业发展潜力		国内生产总值（GDP）
银行业	银行业理财产品资金余额	银行理财产品、私人银行业务
证券业	证券业资管规模	集合资产管理计划、定向资产管理计划、专项资产管理计划等
保险业	保险业资金运用余额	万能险、投连险、企业年金、养老保障及其他委托管理资产等
信托业	信托业资管规模	单一资金信托、集合资金信托
基金业	基金业资管规模	公募基金、各类非公募资产管理计划、私募证券投资基金、私募股权投资基金、创业投资基金等

a. 各指标所涵盖的各财富管理业务资金规模总和即为该行业财富管理规模。

（二）财富管理行业发展前瞻指数

财富管理行业发展包括两个方面：一方面是规模的发展，另一方面是产品的发展。因此财富管理行业发展前瞻指数指标体系应包括财富管理规模动态发展演进指数的所有指标，再加上财富管理产品发展指数指标体系（如表6-2所示）。

表6-2　财富管理产品发展指数指标体系

一级指标	二级指标
银行业	银行业理财产品发行数量
证券业	券商新成立产品总数[a]
保险业	保险资管产品发行数量
基金业	公募基金发行数量
	基金及其子公司资管产品发行数量
信托业	证券投资信托产品发行数量
	贷款类信托产品发行数量
	股权投资信托产品发行数量
	债权投资信托产品发行数量
	权益投资信托产品发行数量
	组合投资信托产品发行数量
	其他投资信托产品发行数量

a. 由于2013年专项资管计划产品发行数量不可得，本书就以2013年专项资管计划资管规模同比增长率作为产品发行数量增长率的估计值，以此来估算2013年专项资管计划产品发行数量。

（三）财富管理区域发展前瞻指数

财富管理区域发展潜力主要取决于四个方面：一是行业自身发展潜力，二是本地财富管理人才基础，三是当地民众对财富管理的认知与支持程度，四是地方政府与监管部门对财富管理的支持程度。因为从金融角度看我国基本是一个统一市场，财富管理的对象，即剩余资金可以在全国范围内流动，何处潜力巨大就流向哪里，所以对地区发展潜力几乎没有影响。因此在财富管理区域发展前瞻指数中将不包括这一部分。财富管理区域发展前瞻指数具体指标构成如表6-3所示，其中二级指标中的指数与上一章区域财富管理指数构成相同，参见区域财富管理指数的构成。

表6-3　财富管理区域发展前瞻指数指标构成

一级指标	二级指标
人才基础	地区理财师数量指数
	本科在读人口比例指数
行业发展基础	地区财富管理规模指数
	产品市场发育程度指数
	市场中介组织的发展指数
民众需求基础	地区财富管理认知指数
政策基础	行业协会对企业的帮助程度指数
	地区金融规划重视程度指数

三、前瞻指数计算结果

（一）财富管理规模发展动态演进指数

1. 财富管理规模发展动态演进指数各指标发展速度

首先计算财富管理各行业发展速度，因为这是财富管理发展潜力的行业基础。计算结果如表6-4所示。

表6-4　财富管理规模发展动态演进指数构成指标发展速度

一级指标		指标发展速度（％）					
		2016年	2017年	2018年	2019年	2020年	2021年
银行业	银行业理财产品资金余额	33	—4	—1	6	11	12
证券业	证券业资管规模	48	—4	—21	—19	—21	—4
保险业	保险业资金运用余额	20	11	10	13	17	7
信托业	信托业资管规模	24	30	—14	—5	—5	0
基金业	基金业资管规模	38	1	1	1	20	19

按最新修正数据，从指标发展速度看，全国范围内银行理财规模波动较大，在2016年发展迅速，增速达33％，2017年较2016年迅速下滑4％，2018继续下降1％，2019年、2020年、2021年连续三年恢复增长。证券业从2016年有一波爆发，当年较上一年增长了

48%，但从 2017 年起开始下降，直至 2021 年也未能恢复增长态势。保险业则连续六年保持平稳增长，2016—2020 年增幅均在 10% 以上，2021 年增速下降，较 2020 年增长 7%。信托业 2016 年、2017 年增速较高，分别达 24%、30%，但 2018 年下跌 14%，此后 2019 年、2020 年均下跌 5%，直至 2021 年下跌趋势才终止。而基金业财富管理规模 2016 年增长 38%，与前些年年均翻一倍相比增长幅度大幅下降，但总体水平相当高，2017—2019 年每年年均增长 1%，2020 年和 2021 年年均增长 20% 左右，与其他行业相比相当亮眼。

2. 各指标权重

虽然金融业近年来有较大程度的波动，但金融格局并无本质变化，因此 2022 年权重依然通过因子分析法获取，最终结果与往年相比无大差异，各指标的权重如表 6-5 所示。

表 6-5 财富管理规模发展动态演进指数指标权重

一级指标		权重（%）
全行业发展潜力		10.47
银行业	银行业理财产品资金余额	26.17
证券业	证券业资管规模	18.20
保险业	保险资金运用余额	18.37
信托业	信托业资管规模	10.77
基金业	基金业资管规模	16.02

由各指标权重可见，影响我国财富管理规模发展潜力的最重要因素，仍然是银行业理财产品的发展，其影响力超过了 1/4；证券行业与保险业影响力接近，而信托业的影响力最小，这可能是因为信托业在整个金融业内的整体影响力还有限。而 GDP 对财富管理发展潜力的影响仅与信托业相当，这反映了我国经济仍以实体经济为主的现状。

3. 指数计算结果

篇幅所限，本书仅列出近六年的发展速度。指数计算结果如表 6-6 所示。

表6-6　我国财富管理规模发展动态演进指数

	2016 年	2017 年	2018 年	2019 年	2020 年	2021 年
总指数	127.89	106.14	97.03	100.54	104.74	96.27

由表6-6可见，尽管2019年、2020年两年有所反弹，但从总体趋势看，最近几年我国财富管理规模发展动态演进指数值呈现下降的趋势，我国财富管理趋于稳定，存在回弹的可能性。具体来看，该指数增速在2016年和2017年有了较大降幅，2016年财富管理规模发展动态演进指数值虽然为127.89，但是比2015年低近20个点，比2017年的106.14高20％还多。2018年直接降至97.03，跌破100，但与上年相比降了近10个点，2019年又反弹至100.54。2020年反弹至104.74，但2021年又滑落到96.27，为近六年发展最慢的年份。可见，我国财富管理行业的规模已经到了一个瓶颈期。

（二）财富管理行业发展前瞻指数

如前所述，行业发展前景既以现有规模为基础，又以各行业创新能力为保障，而创新能力的最主要体现就是产品的创新能力。

1. 财富管理行业发展前瞻指数各指标发展速度

篇幅所限，本书仅列出近六年的发展速度。财富管理规模发展动态演进指数各指标的发展速度如前述表6-4所示；财富管理产品发展指数构成指标发展速度如表6-7所示。

表6-7　财富管理产品发展指数构成指标发展速度

一级指标	二级指标	指标发展速度（％）					
		2016 年	2017 年	2018 年	2019 年	2020 年	2021 年
银行业	银行业理财产品发行数量	8	28	−32	−30	−44	−31
证券业	券商新成立产品总数	66	13	−29	−13	15	18
保险业	保险资管产品发行数量	26	42	−1	20	81	21
基金业	公募基金发行数量	26	42	−1	22	32	38
	基金及其子公司资管产品发行数量	−44	−65	−35	−8	79	9

续表

一级指标	二级指标	指标发展速度（%）					
		2016年	2017年	2018年	2019年	2020年	2021年
信托业	证券投资信托产品发行数量	−73	75	−46	−4	169	81
	贷款类信托产品发行数量	−14	5	3	11	−68	−39
	股权投资信托产品发行数量	−11	10	−17	−45	−69	674
	债权投资信托产品发行数量	−4	−47	−4	67	−73	608
	权益投资信托产品发行数量	−10	15	2	−22	−57	111
	组合投资信托产品发行数量	−1	21	−11	−11	−95	0
	其他投资信托产品发行数量	61	41	10	37	−29	187

结合上一期的报告即《中国财富管理发展指数（2021）》，由表6-7可见，银行理财产品创新能力在2014—2017年有一定增长，在此基础上，自2018年起，由于经济形势的变化，银行业理财产品发行数量开始负增长，直到2021年，每年下降幅度均在30%以上，2020年降幅达44%。证券业前半段与银行业规律相似，2016年及以前创新较银行业更为显著，每年新发产品增幅均在60%左右，2017年增幅下降，仅增长13%，2018年下降29%，2019年下降13%，但2020年、2021年开始有所回升，分别年增长15%、18%。基金业的创新主要体现在公募基金方面，其发行数量除2018年略有下降（降幅仅为1%），其他各年均在增长，增幅都在20%以上。而基金及其子公司资管产品发行数量2016—2019年均在下降，2020年恢复增长。信托业在2014年创新高峰期过后直线下跌，除其他投资信托产品外，2016年证券、贷款、股权、债权、权益、组合投资信托产品发行数量均急剧减少，尤其是证券投资信托产品，发行数量下降了73%，2017年恢复增长，增幅为75%，此后下跌两年，2020年增速翻倍，2021年也增加了81%。其他类型投资信托产品的发行数量波动幅度也较大，如股权投资信托、债权投资信托两大产品发行数量，经前几年波动发展后，在2021年突然增加了6倍，发行数量为前一年的7倍还多，权益与其他投资信托产品在2021年也有亮眼表现，发行量是上年的两倍有余。

2. 各指标权重

通过将因子分析法与专家访谈法相结合，本书计算出2022年财富管理产品发展指数指标权重有较明显变化，权重如表6-8所示。

表6-8　财富管理产品发展指数指标权重

一级指标	权重（%）	二级指标	权重（%）
银行业	15.78	银行业理财产品发行数量	100
证券业	20.89	券商新成立产品总数[a]	100
保险业	20.64	保险资管产品发行数量	100
基金业	20.04	公募基金发行数量	55.83
		基金及其子公司资管产品发行数量	44.17
信托业	22.65	证券投资信托产品发行数量	20.39
		贷款类信托产品发行数量	7.17
		股权投资信托产品发行数量	19.59
		债权投资信托产品发行数量	4.26
		权益投资信托产品发行数量	4.97
		组合投资信托产品发行数量	15.3
		其他投资信托产品发行数量	28.32

a. 由于2013年专项资管计划产品发行数量不可得，本书就以2013年专项资管计划资管规模同比增长率作为产品发行数量增长率的估计值，以此来估算2013年专项资管计划产品发行数量。

从一级指标的权重看，与规模指标不同，影响产品创新力的最重要行业是信托业，其次是证券业，银行业反而是创新力最为不足的领域。这与银行业的保守经营风格紧密相关。

3. 指数计算结果

财富管理各行业发展前瞻指数及财富管理行业发展总前瞻指数计算结果如表6-9所示，仍取近六年数据。

表6-9　财富管理行业发展前瞻指数值

	2016年	2017年	2018年	2019年	2020年	2021年
银行业发展前瞻指数	108	128	68	70	56	69
证券业发展前瞻指数	166	113	71	87	115	118
保险业发展前瞻指数	126	142	99	120	181	121
基金业发展前瞻指数	95	95	77	109	153	125
信托业发展前瞻指数	98	131	89	102	87	315
行业发展总前瞻指数	119	122	82	99	121	157

结合上一期的报告，从财富管理行业发展前瞻指数角度看，银行业在保持了连续四年的平稳增长后，在2018年开始出现较大的负

增长，直至2021年也未能恢复。而信托业发展前瞻指数在连续两年低于100的较低水平后，于2017年反弹，指数值达到131，随后又陷入低迷，2019年反弹，2020年下降，但于2021年反转，增幅约为上年度的3倍。这说明在新形势下，尽管监管环境趋严，但信托业财富管理的未来仍然可期。证券业发展前瞻指数在2018年开始大幅下降，2020年、2021年有所回升。而基金业发展前瞻指数数据低迷，直到2019年开始恢复增长。保险业发展前瞻指数2018年略有波动，但总体行业前景可期。总体而言，财富管理行业发展总前瞻指数除2018年、2019年两年回落外，其他各年增幅均较可观。这表明我国财富管理行业的未来值得期待，财富管理行业逐渐走向行业的成熟期。

（三）财富管理区域发展前瞻指数

1. 财富管理区域发展前瞻指数各指标值

财富管理区域发展前瞻指数各指标值如表6-10所示。

表6-10　财富管理区域发展前瞻指数名指标值

城市	地区财富管理规模指数	产品市场发育程度指数	市场中介组织的发展指数	地区理财师数量指数	本科在读人口比例指数	行业协会对企业的帮助程度指数	地区金融规划重视程度指数	地区财富管理认知指数
北京	10.00	7.37	8.26	10.00	9.51	9.27	7.96	8.33
上海	9.74	8.51	9.43	7.69	7.51	10.00	7.31	9.19
深圳	8.27	9.49	8.86	7.76	6.00	9.00	9.06	9.57
天津	6.94	7.21	7.64	6.50	10.00	8.62	6.64	6.00
哈尔滨	6.58	6.00	6.00	6.09	7.87	8.31	6.00	10.00
长春	6.09	7.43	6.28	6.13	8.63	7.56	6.10	7.59
沈阳	6.28	8.72	6.75	6.09	7.67	7.71	6.05	8.18
大连	6.21	8.72	6.75	6.04	7.67	7.71	7.35	7.50
济南	6.13	10.00	7.42	6.36	6.36	7.54	7.83	9.79
青岛	6.26	10.00	7.42	6.27	6.36	7.54	8.20	7.47
南京	6.33	9.25	9.94	6.54	6.99	6.36	7.05	8.00
杭州	6.48	9.41	7.45	6.76	6.79	8.88	6.88	6.96
宁波	6.29	9.41	7.45	6.41	6.79	8.88	7.28	7.49

续表

城市	地区财富管理规模指数	产品市场发育程度指数	市场中介组织的发展指数	地区理财师数量指数	本科在读人口比例指数	行业协会对企业的帮助程度指数	地区金融规划重视程度指数	地区财富管理认知指数
厦门	6.00	9.78	8.04	6.00	6.77	8.52	6.30	7.45
广州	6.74	9.49	8.86	7.38	6.00	9.00	10.00	9.24
武汉	6.57	8.57	7.79	6.63	7.54	6.00	6.37	8.01
成都	6.41	7.90	7.17	6.86	6.52	7.12	7.62	8.03
西安	6.34	8.20	6.39	6.71	8.03	8.27	7.14	7.02
重庆	6.93	7.93	10.00	6.85	7.31	7.29	7.93	7.23

　　注：前文图表中的"本科在读人口比例"指标均为千人本科就读比例实数，本表中为"本科在读人口比例指数"。

　　财富管理区域发展前瞻指数各指标值的分析在上一章区域财富管理指数中已有说明，这里不再赘述。

　　2. 财富管理区域发展前瞻指数指标权重

　　采用因子分析法所得各指标的权重如表 6 - 11 所示。

表 6 - 11　财富管理区域发展前瞻指数指标权重

一级指标	二级指标	权重（%）
人才基础	地区理财师数量指数	12.71
	本科在读人口比例指数	12.04
行业发展基础	地区财富管理规模指数	11.52
	产品市场发育程度指数	13.89
	市场中介组织的发展指数	12.21
民众需求基础	地区财富管理认知指数	14.15
政策基础	行业协会对企业的帮助程度指数	9.91
	地区金融规划重视程度指数	13.55

　　由权重表可见，影响财富管理区域发展前瞻指数的因素，与当地民众对财富管理的认识关系比较密切，与当地金融规划及产品的市场发育程度也高度相关，而与当地理财规划师的发展也有较高的相关性。因此可见，区域财富管理发展水平既与政府支持程度紧密相关，又与理财领域的人才发展及当地的财富管理文化相关。

　　3. 财富管理区域发展前瞻指数计算结果

　　以前述各指标值与权重为基础计算所得财富管理区域发展前瞻

指数如图 6-1 所示。

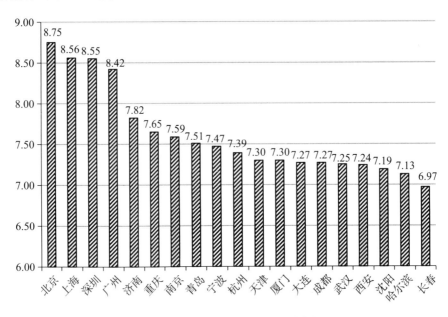

图 6-1　财富管理区域发展前瞻指数

由图 6-1 可见，财富管理区域发展前瞻指数值由大到小排在前六位的城市依次是北京、上海、深圳、广州、济南、重庆。这些城市的前瞻指数前后顺序比较符合一般认知。

四、财富管理指数前瞻

（一）财富管理规模及行业规模指数前瞻

同样以上一章规模指数的指标为基准，我们对 2022 年指标的取值进行了测算，并对 2023 年的数值进行了预测。[①]

1. 分行业财富管理规模

2022 年的测算值及 2023 年的预测值，以及 2020 年和 2021 年两年的实际值如表 6-12 所示，其动态特征如图 6-2 所示。

---

① 测算时已取得实际数据的指标以实际数据为准，未取得实际数据的，基于已有数据以静态 ARIMA 方法预测，最后将实测数据与预测数据混合代入进行测算；2023 年预测值则均以静态 ARIMA 方法预测指标值进行计算。

表 6 - 12　2020 — 2023 年中国财富管理行业规模　　单位：万亿元

一级指标名称	2020 年	2021 年	2022 年	2023 年
银行业财富管理规模	25.86	29.00	29.75	29.04
证券业资管规模	8.55	8.24	7.88	7.28
保险业资金运用余额	21.68	23.23	25.02	23.57
信托业资管规模	20.49	20.55	21.81	20.88
基金业资管规模	44.91	53.22	54.91	52.11

注：2020 年、2021 年为实际值，2022 年为测算值，2023 年为预测值。

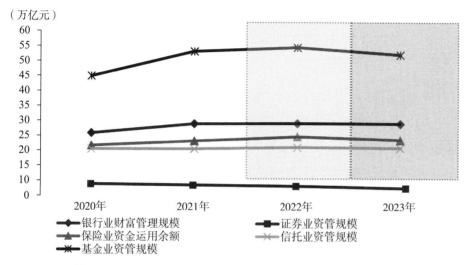

图 6 - 2　2020 — 2023 年中国财富管理行业规模动态发展特征

注：2020 年、2021 年为实际值，2022 年为测算值，2023 年为预测值。

从表 6 - 12 中数据与图 6 - 2 可见，基于我国经济社会发展的现状与未来，我国财富管理规模将进一步扩大，虽然 2023 年各行业规模都有所下降，但行业结构变化不大，基金业仍将占最大比例，其他依次是银行业、保险业、信托业和证券业。

2. 分行业财富管理规模指数及其增长率动态

银行业、证券业、保险业、信托业和基金业等五行业财富管理规模指数及其增长率的 2022 年测算值及 2023 年预测值，以及 2020 年和 2021 年两年的实际值如表 6 - 13 所示。

由表 6 - 13 可见，2023 年的五个行业中，信托业可能获得最快的增长但涨幅也有限，银行业、证券业与保险业可能都将是负增长，除信托业外，可能只有基金业会取得增长，这与未来的经济前景预期也比较吻合。

表 6-13　中国财富管理分行业规模指数及其增长率

分行业指数及其增长率	2020 年	2021 年	2022 年	2023 年
银行业规模指数及其增长率	396.02 (10.51%)	444.1 (12.14%)	446.4 (0.52%)	441.1 (−1.19%)
证券业规模指数及其增长率	164.74 (−21.05%)	158.77 (−3.62%)	147.98 (−6.80%)	139.61 (−5.66%)
保险业规模指数及其增长率	282.02 (17.00%)	302.19 (7.15%)	321.44 (6.37%)	319.58 (−0.58%)
信托业规模指数及其增长率	187.81 (−5.14%)	188.36 (0.29%)	193.49 (2.72%)	194.55 (0.55%)
基金业规模指数及其增长率	816.95 (20.15%)	968.11 (18.50%)	991.58 (2.42%)	994.27 (0.27%)

注：括号中为当年指数的同比增长率。指数以 2013 年为 100，2020 年和 2021 年为实际值，2022 年为测算值，2023 年为预测值。

3. 中国财富管理行业规模总指数及增长率动态

仍以上一章测得的中国财富管理行业规模指数权重为准对 2022 年指数值进行测算，并对 2023 年指数值进行预测，得到中国财富管理行业规模总指数及其增长率的 2022 年测算值及 2023 年预测值，将其连同 2020 年和 2021 年两年的实际值列在表 6-14 中，而其动态特征如图6-3所示。

表 6-14　2020—2023 中国财富管理行业规模总指数及其增长率

年份	2020 年	2021 年	2022 年	2023 年
指数	369.27	412.01	419.87	421.02
增长率	9.57%	11.57%	1.91%	0.27%

注：指数以 2013 年为 100，2020 年和 2021 年为实际值，2022 年为测算值，2023 年为预测值。

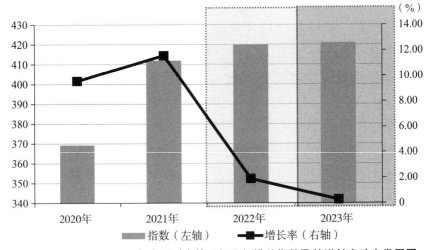

图 6-3　2020—2023 年中国财富管理行业规模总指数及其增长率动态发展图

由表 6‑14 的数据及图 6‑3 的动态可见，2020—2021 年中国财富管理行业规模总指数上涨幅度尚可，但受经济形势影响，2022年与 2023 年增速明显放缓。

（二）财富管理产品指数前瞻

仍选择财富管理产品指数的一级与二级指标进行产品指数前瞻评估。

1. 行业产品数据前瞻

分行业产品发行数量 2020 年和 2021 年实际值、2022 年测算值及 2023 年预测值如表 6‑15 所示。

表 6‑15　2020 — 2023 年中国财富管理产品发行数量　　单位：只

一级指标	二级指标	2020 年	2021 年	2022 年	2023 年
银行业	银行业理财产品发行数量	202 100	164 997	174 633	168 398
证券业	券商新成立产品总数	7 254	7 589	7 183	6 800
保险业	保险资管产品发行数量	260	285	279	273
基金业	公募基金发行数量	1 028	1 018	978	941
	基金及其子公司资管产品发行数量	2 568	3 329	2 665	2 133
信托业	证券投资信托产品发行数量	1 202	774	747	686
	贷款类信托产品发行数量	1 069	1 057	1 044	1 031
	股权投资信托产品发行数量	76	43	62	61
	债权投资信托产品发行数量	423	422	405	388
	权益投资信托产品发行数量	518	401	408	405
	组合投资信托产品发行数量	224	229	226	224
	其他投资信托产品发行数量	3 898	5 379	5 277	5 177

注：2020 年和 2021 年两年为实际数，2022 为测算值，2023 为预测值。

由表 6‑15 可见，财富管理各行业发行产品数量中，银行业仍为理财领域的巨无霸，独占约 90％的份额，证券业仍以定向资管产品为主，保险业资管产品数量较为平稳，略有下滑，基金业与信托业理财产品发行数量均有所下降。

2. 分行业各类产品指数前瞻

分行业各类产品指数 2020 年和 2021 年实际值、2022 年测算值及 2023 年预测值如表 6‑16 所示。

表 6 - 16　2020 — 2023 年中国财富管理分行业各类产品指数

一级指标	二级指标	2020 年	2021 年	2022 年	2023 年
银行业	银行理财产品发行数量	156.50	114.55	121.24	123.32
证券业	券商新成立产品总数	344.30	360.18	311.20	294.84
保险业	保险资管产品发行数量	252.89	276.87	233.44	211.93
基金业	公募基金发行数量	265.65	262.97	225.08	213.42
	基金及其子公司资管产品发行数量	99.73	129.27	143.88	146.22
信托业	证券投资信托产品发行数量	67.52	43.43	148.96	153.66
	贷款类信托产品发行数量	76.35	75.51	80.72	81.71
	股权投资信托产品发行数量	31.28	17.70	29.11	36.49
	债权投资信托产品发行数量	101.83	101.63	101.54	101.53
	权益投资信托产品发行数量	70.91	54.87	97.82	98.90
	组合投资信托产品发行数量	75.51	77.53	82.42	82.79
	其他投资信托产品发行数量	386.31	533.15	533.16	507.13

注：2020 年、2021 年为实际值，2022 年为测算值，2023 年为预测值。

由表 6 - 16 可见，除券商新成立产品总数、保险资管产品发行数量、基金及其子公司资管产品发行数量、组合投资信托产品发行数量、其他投资信托产品发行数量在 2021 年略有回升外，其他产品2021 年均有所下跌，且由于经济形势影响，我们测算 2022 年、预测2023 年不会有太大起色，但其中银行理财产品发行数量、基金及其子公司资管产品发行数量以及证券投资、贷款类、股权投资、权益投资、组合投资信托产品发行数量在 2022 年与 2023 年略有回升。

3. 分行业产品指数前瞻

从银行、证券、保险、基金与信托五个行业来分析产品发展指数，可对指数进行 2022 年数值测算及 2023 年数值预测。2020 年和2021 年实际值、2022 年测算值及 2023 年预测值如表 6 - 17 所示。

表 6 - 17　2020 — 2023 年中国财富管理产品分行业指数及其增长率

分行业指数及其增长率	2020 年	2021 年	2022 年	2023 年
银行业产品指数及其增长率	114.55 （32.98%）	121.24 （5.84%）	123.32 （1.72%）	123.40 （0.06%）
证券业产品指数及其增长率	344.30 （12.07%）	360.18 （4.61%）	311.20 （−13.60%）	294.84 （−5.26%）
保险业产品指数及其增长率	252.89 （2.15%）	276.87 （9.48%）	233.44 （−15.69%）	211.93 （−9.21%）

续表

分行业指数及其增长率	2020 年	2021 年	2022 年	2023 年
基金业产品指数 及其增长率	178.90 （−14.10%）	198.79 （11.12%）	279.74 （40.72%）	289.01 （3.32%）
信托业产品指数 及其增长率	80.17 （−5.02%）	107.09 （33.58%）	107.84 （0.70%）	107.88 （0.04%）

注：括号中为当年指数的同比增长率。指数以 2013 年为 100，2020 年、2021 年为实际值，2022 年为测算值，2023 年为预测值。

由表 6-17 可见，受诸多政策影响，除基金业、信托业产品指数于 2020 年有所下降外，2020 年和 2021 年两年所有行业的产品指数均有大小不等的上升，但 2022 年和 2023 两年由于经济形势影响，证券业与保险业产品指数有所下跌，其他虽有所上涨，但涨幅较过去下降很多（2022 年基金业产品指数除外）。

4. 中国财富管理产品指数前瞻

以上述分行业产品指数测算值与预测值为基础，以上一章中测算的中国财富管理产品指数权重加以测算，即可获得 2022 年中国财富管理产品指数的测算值与 2023 年的预测值，加上 2020 年与 2021 年的实际值，一并列入表 6-18。其动态发展如图 6-4 所示。

表 6-18 2020 — 2023 年中国财富管理产品指数及其增长率

年份	2020 年	2021 年	2022 年	2023 年
指数	198.34	208.79	198.41	192.86
增长率	−1.12%	5.27%	−4.97%	−2.80%

注：指数以 2013 年为 100，2020 年和 2021 年为实际值，2022 年为测算值，2023 年为预测值。

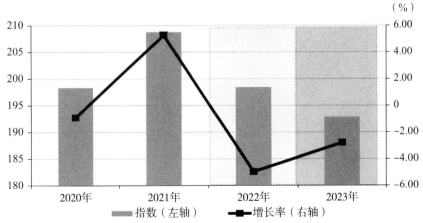

图 6-4 2020 — 2023 年中国财富管理产品指数及其增长率动态发展图

由表 6 - 18 与图 6 - 4 可见，中国财富管理产品指数在 2021 年增长见顶，2022 年与 2023 年将有小幅下降。

　　由于各区域指数计算中用到的大量调查数据为 2020 年时点数据，同时关于媒体舆情数据、政策相关数据为政策性、社会性外生变量，不宜进行估算和预测，因此本报告不作区域指数预测。

第七章

结　论

　　本书所编制的财富管理发展指数涵盖了全球财富管理发展宏观指数、中国财富管理行业发展指数、区域财富管理指数以及财富管理前瞻指数四大类。通过规范的数据处理和科学的编制方法，在区域、全国、全球三个层次上对财富管理发展进行多维度、综合性的测评。

　　研究发现，第一，北美与西欧地区财富管理发展总指数表现优异，排在前两位。亚太地区受疫情影响位列第四位，中国在亚太地区财富管理行业中始终扮演着重要角色。其他地区中，东欧以其较为稳定的增长和改善的环境而位列第三名，而中东与非洲的环境得分低很有可能直接导致其排序为最后。总体上看，在2021年，全球财富管理行业增长仍在持续，随着新冠疫情的影响逐渐减小，全球财富管理增长有所恢复，但全球通胀带来的不确定性会对未来财富管理行业的发展带来压力。传统优势地区在规模和发展环境上的优势仍然存在，新兴市场国家和地区需要继续改善自身的财富管理行业发展环境，并谋求更加稳定的增长。虽然亚太地区在2021年表现得差强人意，但疫情带来的影响正逐渐减弱，各国政府也积极采取相应的货币政策支持经济发展。可以预计在未来，亚太地区财富管理行业将依旧保持较快速的发展趋势。

第二，中国财富管理行业规模指数 2020 年出现拐点，并进入新一轮上升通道，2022 年上半年指数维持上升通道运行，增速企稳。从分行业指数来看，基金业、银行业和保险业财富管理规模指数整体呈不断增长趋势，其中，基金业规模指数始终遥遥领先，信托业和证券业规模指数呈先增后减趋势。从财富管理产品的角度来看，2013—2021 年我国财富管理产品指数整体呈波动上升趋势，截至2022 年上半年，总指数为 128.19。从分行业指数来看，各行业产品指数发展趋势分化较为明显，大致可分为三类：证券业和基金业产品指数呈大幅波动趋势，保险业和信托业产品指数呈波动上升趋势，银行业产品指数呈波动下降趋势。从财富管理机构发展的角度来看，2013 年以来我国财富管理机构发展指数呈现阶梯式下降趋势，第一阶梯为 2013—2015 年，2016—2021 年指数下跌至第二阶梯。从分行业指数来看，各行业机构发展指数的走势分化较为显著，银行业、基金业和保险业指数整体呈下降趋势，证券业和信托业指数整体呈波动上升趋势。

第三，财富管理机构的社会声誉在逐年提升。作为传统的金融机构，商业银行和保险公司的社会认知度明显高出很多。从市场认知的角度看，传统财富管理机构的优势还是比较明显的。此外，媒体对财富管理机构的看法整体上呈正面，并与股票市场的波动、外部经济环境相关。从媒体角度看，除 2016 年受股票市场波动及2020 年受疫情影响外，财富管理机构声誉状况在持续改善。

第四，近年来中国财富管理行业的从业人员数量和素质都有了持续的增长，但是行业内高端人才的发展依然比较缓慢，高端人才匮乏的局面并没有得到根本性改变。

第五，对全国 4 个直辖市和 15 个副省级城市的区域财富管理行业发展的比较可以看出，区域财富管理总指数排名前五位的分别为北京、上海、深圳、广州和宁波。虽然北京、上海目前仍然牢牢占据着全国金融机构和政策中心、全国金融市场中心和全国资本市场中心的位置，但是，宁波、青岛、重庆等地方性金融中心的建设对我国金融业的整体繁荣仍然具有极高的战略意义。

第六，由前瞻指数的分析可以看出，基于我国经济社会发展的现状与未来，我国财富管理规模有所扩大，各行业规模也获得了一些增长，但受经济社会形势影响，2022 年、2023 年总体形势不太乐观。在财富管理行业规模上，基金业将占最大比例，其次将依次是银行业、保险业、信托业和证券业。从区域发展角度看，虽然二线城市近来的发展势头良好，但是，受经济基础和外部环境的制约，未来相当长一段时间内，北京、上海、深圳三大一线城市的财富管理行业仍然会处于领先地位，地区发展差异化态势仍将持续。

图书在版编目（CIP）数据

中国财富管理发展指数. 2022/谭松涛主编. -- 北京：中国人民大学出版社，2024.3
ISBN 978-7-300-32501-9

Ⅰ.①中… Ⅱ.①谭… Ⅲ.①投资管理-指数-研究报告-中国- 2022 Ⅳ.①F832.48

中国国家版本馆 CIP 数据核字（2024）第 017957 号

中国财富管理发展指数（2022）
主编　谭松涛
Zhongguo Caifu Guanli Fazhan Zhishu（2022）

出版发行	中国人民大学出版社		
社　　址	北京中关村大街 31 号	**邮政编码**	100080
电　　话	010 - 62511242（总编室）		010 - 62511770（质管部）
	010 - 82501766（邮购部）		010 - 62514148（门市部）
	010 - 62515195（发行公司）		010 - 62515275（盗版举报）
网　　址	http://www.crup.com.cn		
经　　销	新华书店		
印　　刷	唐山玺诚印务有限公司		
开　　本	787 mm×1092 mm　1/16	**版　　次**	2024 年 3 月第 1 版
印　　张	11.5 插页 1	**印　　次**	2024 年 3 月第 1 次印刷
字　　数	157 000	**定　　价**	58.00 元